2부

현재의 비밀 | 45
일요일과 월요일 사이, 밤 | 46
잘못 적은 단어 | 48
윗집 아저씨 구두 때문이 아니었다 | 50
1평 가게 | 52
편지를 태우며 | 54
즐겁고 유쾌한 기분으로 | 56
끝 | 58
로코코식 농담을 곁들인 담화 풍의 헛기침 | 60
번진 자리를 따라 가다가 | 62
오늘의 시간은 끝났습니다 | 64
장면 | 66
10분 남았습니다 | 67
낡은 의자에 앉다가 | 68
니들펠트를 위한 고양이 동원령 | 70
오늘의 그 | 72
서커스 | 74

3부

오늘의 문을 열면 | 79
와디 | 80
남은 자의 의문 | 82
암시暗示는 아닙니다 | 84
통과점 | 86
무엇이 남았나요 | 88
이미 알고 있었음에도 | 90
그네를 타다가 익사할 확률에 대한 변수들 | 92
그러나 이제 우리는 다음으로 | 93
단 하나의 이유를 든다면 | 94
비 그친 후 | 96
더닝 크루거 효과로 잘못 알려진 그래프 | 98
실토 | 100
어둑한 오후의 무료 | 102
달콤하고 투명해서 위험한 밤이 오고 있어요 | 104
나의 집 | 106

4부

각각의 기억 | 109
고맙습니다 | 110
평범한 식사를 위해 우리는 | 112
읽던 집 | 114
닫습니다 | 116
계단참에서 든 생각 | 118
거짓말 | 119
그러니 거기 누구신가요 | 120
하관 | 122
모든 것 속에 하나 | 124
감, 잡다 | 125
늪 | 126
산책 | 128
디어 루나 | 130
해설 | 기억의 파동이 구현해내는 자기 귀환의 미학 | 유성호 | 131

1부

아직 겨울이라 나의 언어는 빈약합니다

겨울이 되면 이 거리는 바람으로 가득합니다
사람들은 서둘러 얼굴을 감싸 쥔 채 거리를 떠났고
떠나지 못한 지난 계절의 부스러기가
알 수 없는 소문과
더 낡아버린 보도블록 사이 죽은 비둘기와
벌어진 틈을 찾지 못해 죽지 못한 비둘기들이
바람 속에서 닳고 있습니다 나는
이 헛된 거리의 웅덩이에 쪼그려 앉아
늙어가는 바람의 형식을 존경의 눈으로 바라봅니다
나는 아무 말 하지 않았어요 단지
왔다가 가 버렸고 다시 오지 않는 신념들에 대해
허우적거리는 자음과 모음에 대해
아직 새벽 여섯시가 되지 않아 잠들지 못하는
단어들의 불평에 대해
바람에 귀를 기울이지만 들리는 것은
오로지 바람뿐이라 나의 언어는 빈약합니다

느리게 말라가는 나뭇가지를 꺾으며 잠깐

  우리가 함부로 졌을 때 누군가 잘라냈던 가시를 발견했다
  시시한 구덩이 옆이었다

그때 차라리 그렇게 된 게 오히려 좋은 일이었어

높게 떴던 풍선이 쨍 터지며 남긴 유언치고는
제법 철학적이었다
질문의 절반은 여전히 진흙 속에 묻힌 채였다

폭우가 남기고 간 몇 줌의 바닥은
가능하지 않은 시간을 기다렸다
이미 놓쳐 버린 시도였다

중요한 건 우리였을까
제멋대로 쥐어지던 우연 따위를 믿은 것뿐이었다면
계단 하나를 지을 수 있었을까

  틈에서 돌아난 것은 아름다우면서도 끔찍한 의심이었다

건드릴수록 깊숙해지는 비난이었다
어떤 이에게는 든든한 뿌리였을지도 몰랐다
아니라고 말할수록 깊숙한 채 드러나는 까닭이었다

그러니까
우리가 모르는 나머지 대답은 쓸데없었다

잘못 놓인 보도블록처럼

　내가 뒤돌아봤을 때 아무것도 없었다 누군가의 발소리를 들었다고 두고 온 침묵이 생각났다고 부풀어 오른 어둠이 등을 떠밀었다고 단지 혼잣말을 할 수도 있겠지만 사실은 발끝에 걸린 보도블록 때문이었다 누군가의 아주 사소한 실수로 잘못 놓인 사각형은 자신의 모서리 하나를 허공에 놓고 있었다 연속성을 잃은 어제와 오늘처럼 예측할 수 없는 다음이어서 오히려 간절한 기도였다 어쩌면 나는 갑작스런 목소리를 들었다고 말할 수도 있었다 멀어지지만 않는다면 돌아갈 수 있으리라 갈래의 길 앞에서 오랫동안 말라가던 그날은 순간과 순간 사이에서 뿌리내린 그림자였다 덩굴이었다 밧줄이었다 무엇이든 낚아채는 다짐이었다 그때의 내가 차라리 잘못 놓인 보도블록처럼 현현한 울음이었다면 설명되어지는 이전과 이후가 있었을까 내가 뒤돌아봤을 때 솟아난 기척은 너무 은밀해서 아무것도 볼 수 없었다

상자를 열어 보아요

 어떤 상자는 열자마자 사라지는 것들로 채워져 있어요 대부분 잘못된 시간의 틈 속으로 숨지만 적절하지 않게 튀어 오르다 흩어지기도 해요 부끄러움이 많아서라고 알려져 있지만 누구도 정확한 이유를 알 수 없어요 계절을 언급하는 것은 어리석은 일이에요 그런 상자를 만났다면 당황하지 않아야 해요 눈치가 엄청나거든요 우선 단정하게 단추를 채우고 눈을 감아 보세요 웃음은 허용되지 않지만 아마 굉장히 힘들 거에요 모든 것이 부풀었다면 자세를 낮추고 눈을 천천히 떠 보세요 떠나갔던 발자국이 웅성거리며 돌아오고 있어요 이제 되었어요 복도를 비워 두세요 다가오는 마지막 걸음이 느껴지나요 저마다의 질문들이 붙어 길고 긴 리본을 만들었어요 어쩌면 기도였겠지만 각운을 맞추지 못한 약속은 어차피 지켜지지 않으니까 무시해도 괜찮아요 기억할 것은 단 하나에요 다시 돌아오는 것들은 완전히 다른 밤이거나 각자 내밀고 싶었던 단어의 찌꺼기에요 그렇다고 실망할 필요는 없어요 복도는 아주 길고 우리가 열 수 있는 상자는 많이 남았거든요

정답을 찾기 위한 몇 가지 비공식 전제

약속된 기호 속에 슬픔을 담기로 했지
한 번에 하나씩, 가끔은 조금 더 길게
가끔은 하품이나 불순하게 솟구치는 반성들은
금방 드러나서 재미없는 거짓말이었어

오늘은
죽었던 어제의 내가 다시 살아나 살그머니
다음 계단 위에 앉았지 네가 그랬던 것처럼
눈을 깜빡, 그걸로 끝

군데군데 비어 있는 시간 틈새로 얼버무리듯 실수가 채워지고
 흩어진 글자들이 모여 그럴듯한 유언이 조립되고
 미안, 그러려고 그랬던 건 아니었어

 나이테에 새겨진 내력과 꽃 진 계절의 뻐꾸기와 우기의 그림자와 가난했던 언니의 가방 속처럼 아직도 유효한 어제와 그제와 엊그제와의 이별을 위한 창틀에는 노란 눈동자의 고양이 한 마리

내일을 꿀깍 삼킬 거야 어제의 표식이 남긴 모호
　네가 가위로 오려냈던 것은 존재하지 않았던 이름이겠지만
　상상해 봐
　어디든 달라붙는 먼지처럼 질문을 건너뛴 정답은 어디에 있을까

힘없는 질투

이토록 다정한 밤이라니

크리스마스가 아직 반년이나 더 남았는데
잔인한 폭염 위에 누가 벌써 겨울을 가져다 썼을까

세상의 아름다운 모든 한때를 가늘고 긴 금에 서로 얽은 채
반짝이는 작은 공 몇 개가 길가에 굴러다녔다

내 주머니에 든 투명 유리 공 안에는
감탄된 적 없던 꽃송이만 간헐적으로 우아한데

세게 쥐면 부서지는 하나의 세계처럼
두 손바닥으로 감싸 쥐면 감쪽같이 사라지는 시간처럼
매번 새로워지는 은유 속에서 포함되었던 것은 그저
누더기였을까 그러므로

과신했던 목소리가 뱀처럼 기어 나오고
불안한 갈림길 속에서 빛나던 것은
방향 없이 쫓기며 멀어지던 나의 눈동자

이토록 다감한 밤을 길에서 맞다니

손바닥을 펼치면 부서진 유리에 베인 하루를 들킬 것 같아
가만히 두 손을 모은 채 흐르는 땀을 닦지 못했다
아직 걸음은 멀었는데
치닫지 못했던 나의 질투는 남몰래 버려져야만 했다

심오해 보이는 헛소리의 인식과 수용에 대해*

우리는 지금 여러 바람에 편승하는 과민성모방증후군의 시대
 단지 유행하는 고양이일 수도 있겠지만
 상자 안에 스스로 격리될 기회가 주어진다면 비로소
 우리는 우리를 구원할 어림짐작을 획득할 수 있습니다

 까다로운 조건은 없습니다

 부정확한 기억을 일방적으로 신뢰하는 것이야말로
 성공할 가능성이 아주 높은 상태에 이른 것이라 할 수 있겠죠
 그것보다 모호한 것은 없다는 확신 같은 것입니다

 틀림없습니다

 인상적으로 읊조릴 수만 있다면
 그저 나란히 앉아 있는 것으로도 직관적인 경험이 가능합니다

---

* 2016년 이그노벨상 평화상 수상자 고든 페니쿡의 논문 제목이지만 이 시는 고든 페니쿡의 논문과 전혀 상관없습니다.

차 례

시인의 말 | 5

1부

아직 겨울이라 나의 언어는 빈약합니다 | 13
느리게 말라가는 나뭇가지를 꺾으며 잠깐 | 14
잘못 놓인 보도블록처럼 | 16
상자를 열어 보아요 | 17
정답을 찾기 위한 몇 가지 비공식 전제 | 18
힘없는 질투 | 20
심오해 보이는 헛소리의 인식과 수용에 대해 | 22
목록을 뒤적이는 밤 | 24
겸허하게 받아들이는 풍요 | 26
위로를 겸한 놀이 | 28
없었던 금기어에 대한 최초의 증언 | 30
쿠키를 쿠키처럼 | 31
밧줄 | 32
지도 | 34
기울어짐에 대한 변명 | 36
어느 끝에서도 들리는 | 38
바다가 하는 일 | 40

시인의 말_사라지는 상처의 기록들

　삶에는 울림이라는 기록이 존재한다. 그것이 환희이든 상처이든 문학 속의 삶은, 시간에 기록된 그림자의 형태를 지워가는 행위가 아닐까? 첫 걸음마를 하던 일, 스스로 신발을 신는 일, 햇살 속에서 눈을 크게 뜨는 일, 바람을 등지고 뛰는 일 등이 삶의 모든 기록이라 생각한 유아기를 지나면, 우리는 생이 다할 때까지 선택의 갈림길과 죽음의 공포에서 자유롭지 못하다. 때론 예측할 수 없이 따라붙는 삶의 기록들이 상처의 흔적을 남기기도 한다. 하지만 내게 문학은 흔적으로 남는 다양한 삶의 그림자들을 하나둘 지워나가며 곤궁한 시간을 위로해 주는 에너지가 된다. 특히 늘 함께 살아가는 죽음에 대한 철학적 고찰은 문학의 길에 한 걸음 다가가게 해 준 정신의 기록이라 할 것이다. 삶속에서 솟아나오는 문학의 소재는 무궁무진하다. 사용하고 사용해도 고갈되지 않는 울림의 화수분을 위해 지금도 나는 주름진 삶의 노트를 펼쳐 한 문장 두 문장 나만의 기록을 하고 있다.

　　　　　　　　　　　　　　　　　　2025년 6월 1일
　　　　　　　　　　　　　　　　　　김조민

힘없는 질투

김조민 시집

서정시학 시인선 230

서정시학

발이 시린 줄도 모르고 자꾸 뻗는 줄기처럼

늘어가는 빈 페이지에 인기척을 끼워둡니다
—「번진 자리를 따라 가다가」에서

서정시학 시인선 230

힘없는 질투

김조민 시집

서정시학

우리는 그저 마침내 선택된 양식일지도 모르니까요

물론 다양한 변수는 고려하지 않아야 합니다

양식의 맨 위, 온전히 강조된 차원에서의 목적이
효과적인 오류나 출중한 편향이 아니기를 주장할 뿐이죠
그러나 우리의 고심은 책임감 있게 분산되므로
종종 서로를 무분별하게 이해할 수 있게 되는 겁니다

오케이, 그것으로 되었어

심오한 진실은 상자를 열었을 때 드러나게 되었습니다

목록을 뒤적이는 밤

 문을 열면 등 뒤의 문이 다시 앞에 놓이는 꿈을 연속해서 꾸었다
 어떤 날은 등 뒤의 문이 내 앞에 놓이는 속도가 너무 빨라서
 사라지는 나의 등을 보기도 했다

 들어가자마자 다시 들어가야 하는 문을 열고 나가는 나의 등은
 미세하게 쪼그라들었다가 평평했고
 한 방향으로 기울어졌다가도 접혔다
 어쩐지 누군가의 입술 같기도 했고
 그렇게 쏟아졌던 수많은 악담 같기도 했는데
 그럴 때면 기침이 멈추지 않았다

 어느 날은 잠들기도 전에 벌써부터 내 등을 보고 있는 듯했다
 눈을 감지 않아도
 아주 잠깐 가벼워졌다가 문과 문 사이에 나는 내동댕이쳐지는 것이다

잠깐은 결론을 위한 아주 짧은 한숨이었지만 무한의 조건이어서
 내 등의 표정을 읽을 지경에 이르렀다 생각하는 순간이면
 반드시 꿈에서 깼다

 천장에는 어제와 같은 무늬의 얼룩이 묘하게 일그러져 있었고
 나는 어느 쪽으로도 열리지 않는 문 안쪽에 가만히 누워
 다가왔다 사라졌던 누군가의 등을 떠올렸다

 어느 누구의 등도 아니었다

겸허하게 받아들이는 풍요

버려진 생각들을 모아 쪽지 모양으로 접었다
구겨졌던 자리를 마땅히 펼치지 못해
울퉁불퉁한 안부가 되곤 했다

다시

돌아오면 엉뚱한 어둠이 시작되곤 했지만
고인 자리 맨 밑에서
깨진 접시를 발견했을 때
터무니없이 자라났던 모든 마음이 허울이었음을 비로소 알았다

그 충만했던 순간의 흔적과
아름다웠던 오후는 오지 않을 것이다
변하지 않았던 어느 날처럼

달콤하고도 낯선 적막으로
새롭게 자라나는 악의는

텅 빈 감사와 소망으로 훌쩍 자라났다

더러워진 이불 위에서
밥을 먹고 잠을 자고 내일을 기다리는 풍요에 대해

곡진한 절을 두어 번 하다 말고 나는 가벼워진다

위로를 겸한 놀이

가지를 잘라 땅에 꽂으면 바닥이 됩니다
무엇이건 하늘이 배경이면 검은 점
검은 벽
온통 심연 속으로
자라나는 것은 나의 헛된 노래였습니다

헤매는 공포와 슬픔의 조각들
그것은 모두 속임수였습니다

처음부터 존재하지 않았던 언어였으며
떨어져 나왔던 어딘가의 허위였죠

무질서한 휘파람이 균열 속에서 피어났습니다
하늘과 땅이 어둠과 빛이
서로 섞이며 서로를 다르게 안을 때
흔적은 오래도록 이름을 얻지 못할 것입니다

수레가 지나갑니다
수레가 지나가는 소리를 들었습니다

그 소리에 고개 들었을 때
두 마리의 말이 작은 구멍 속으로 빨려 들어갑니다
붉은 그림자가 바닥 위에 흥건합니다

무엇이건 온통 헛된 이름이었습니다

없었던 금기어에 대한 최초의 증언

 밀폐용기 안에 단어를 넣어 두었다는 소문이 돌았습니다
 후회라든지 사랑이라든지
 아무도 신경 쓰지 않았습니다
 몇몇 단어들은 슬리퍼나 가방이나 종이컵 따위로 대체되었죠
 꽃잎들이 불필요하게 나뒹구는 저녁
 우리는 어리둥절한 이별을 맞았을지도 모릅니다
 순서대로 넘실거리는 책상과 막연한 가장자리
 몇몇의 그물이 서로와 서로에서 헤매느라
 한쪽만 닳아지고 있는지 몰랐던 거였어요
 어느 날 흔한 얼룩조차 생소해지는 얼굴이 되었을 때
 우리는 각자의 이불 속에서 한참을 울겠지만
 어떤 목소리에 뒤돌아봐야 할지
 영영 알지 못하는 순간이 되고 말겠죠

 밀폐용기가 공공연히 부풀어 올랐지만
 그 이유에 대해 어느 누구도 궁금해하지 않았습니다
 닫힌 입을 부여받은 것과 같은 이유로
 우리가 미리 준비했던 포기는 소용없었습니다

쿠키를 쿠키처럼

쿠키는 깨끗하게 먹을 수 없어요

와삭 깨물면 떨어지는 부스러기들 때문일까요
부서짐에서 시작된 명징한 추락 때문일까요
말라버린 혀가 감싸지 못해서일까요
그래서 사람들은 쿠키를 커피와 함께 먹나 봐요
동그랗고 울퉁불퉁한 쿠키를
정성스레 커피에 녹여 먹나 봐요

엄마도 아빠도 내게 가르쳐 주지 않았는 걸요
세상은 쿠키 같아서
쓰디쓴 시간에 물들여 먹어야 한다는 걸요
하지만 이제부터 제가 알아서 할게요
말끔한 세상은 어디에도 없다는 무서운 오해를
오늘도 한 입 크게 베어 물어요
와라락 떨어지는 건 어쩌면
걱정 없는 당신의 걱정이겠죠
상관없어요 쿠키는 쿠키니까

밧줄

너는 겨울 밤 창가에 서서 앞산을 바라보았다
밤하늘보다 더 짙고 어두운 곳이었다
너에게 반복된 적 없던 계절이었다

앞산 중턱을 가로지르는 도로를 따라
줄 맞춰 달리는 자동차의 붉은 미등
그 점멸의 뚜렷한 순간이 마치
아직 살아 있다는 신호 같기도 하고
살려 달라는 손짓 같기도 했다는데
저 앞산 뒤쪽에는 어느 고향이 있어
밀며 밀며 가는지, 갔다가 다시 떠나오는지
처음부터 떠나 살았던 너는 조금 서글펐다

그러다 어느새 알고 있었다고 했다
희망의 두께만큼 돋던 봄이 소용없이 지나고
썰물 소리만 무성하던 여름의 나뭇잎이
미리 써버린 숨결의 흔적처럼 휘날리던 가을에조차
전혀 눈치 챌 수 없었던

추락이 끝나지 않았음을

텅 빈 상태에서야 환하게 드러나는 그 줄이
구원처럼 보였다고 했다
온몸을 맡겨도 끊어지지 않을
밧줄처럼 보였다고 웃었는데

너의 뒤에 있는 시간 내내 울었던 나를 알지 못했다

지도

축축한 화장실 거울 속에
오래된 지도 하나가 희뿌염합니다
기억 없는 곳입니다
길은 누군가의 간절함처럼 끝이 없습니다만
아슬아슬합니다 과거의 단면인 듯싶다가도
어떤 마음이 훌쩍 떠났던 그날의 부스러기 같기도 합니다

지도를 오래 들여다봅니다
낯선 지명이 나오면 드문드문 눈길을 피하다가도
우연히 아는 글자와 겹치는 언덕을 발견하면
왠지 반가워 조용히 풀이 흔들리고 바람이 붑니다

봄이었을까요
집 앞 골목 끝에는 벚꽃나무 환하고 어린 나는
팔락거리는 벚꽃잎과 함께 팔락입니다
어디론가 향하는 철길입니다
침목 하나 폴짝 건너뛰면
아버지 목소리가 들리는 것도 같고

한 번 더 건너뛰면 끈적하고 슬픈 향기 피어오르던
텅 빈 날들이었습니다

들여다보던 지도는
숨길마다 조금씩 낡아지던 뜨거움이었습니다
아직 움켜쥘 수 있을 것도 같은 허공입니다

기울어짐에 대한 변명

촘촘하게 쓴 글자들이 넘어졌다
생각나는 대로 받아둔 어투였다

문장과 문장 사이 꾹꾹 찍었던 마침표와 말줄임표에 걸려 애써 늘어놓았던 길고 긴 문장들이 인용의 정도로만 기울어진 채 고정되었다

나는 너에게 기울어졌으나 너에게는 어울리지가 더욱 가까워
두 번째 나는 창백했다

문장의 다음을 건너 뛰어 읽는 세 번째의 나는 내일을 기대하지 않는 어제의 버릇 같은 것이어서
처음으로 돌아가는 환상이었다
끈적임으로만 부푼 솜사탕처럼
뜯어 먹기엔 살짝 곤란해진 빗금 덕분에
다음 문단이 애매하게 미끄러졌다
아홉 번째 혹은 열두 번째 혹은 어쩌면
모든 나는 마지막 모퉁이를 찾지 못해
번지는 의미를 무의미한 가방에 숨겼다

사라지는 것을 뒤에 남겨 두지 않는 문장의 규칙에 따른 것이었지만 이미 기울어졌으므로 애초의 빌미는 있었던 것에 대한 인용이었다

어느 끝에서도 들리는

오늘도 그런 날인가요
구름은 스스로 생겨났다가 뭉게뭉게
흔적을 지워요

선택할 것 없는 날이잖아요
이것과 저것의 무료함은 어차피 같아서
문득 살아온 것처럼 아무 공원 오래된 벤치에 앉아요

사람들은 사라져요 나타나요 사라져요 나타나요
듬성듬성
남아있는 환영의 이름을 부르기로 해요

어제의 상상은 시간이 빗겨 간 곳에 있어요
이유 없이 넘어지는 건 사무치는 발걸음 때문이라고
돋아난 가시 한 뼘 없는 생은 없다고

여기가 끝인가요
저기가 끝인가요
끝에서 끝으로 흘러가는 발걸음이 있어요

끊임없이 피어나는 공기처럼
우리도
마구 흩어지다 피어납시다

거울 같은 강물에
송어가 힘차게 뛰어올라요
여기, 저기 어느 끝에서도 들리는 울음이에요

바다가 하는 일

바다가 모래 위에 쌓였다
사람들은 오후 6시가 놓인 바다를 밟으며
두고 온 식탁에 대해 이야기했다
그리하여 사라지는 그림자를 벗어버리고
하나의 저녁이 되었다

아침이 되면 불신의 햇살이
구석의 골목마다 쌓였다
퇴색된 저녁바다가 좀 더 힘을 주며
일어섰다 일어서지만
지난 저녁을 비밀로 가진 몸
시간을 밀며 되돌아 온 그림자
사람들은 기쁜 척 길게 꿈꾸었다 오랫동안
풀이 많은 언덕에 대해 이야기했다
지친 희망은 오히려 지난 저녁이 그리웠다

바다가 모래를 지나 골목마다 쌓였다
급격한 경사각을 지닌 길을 따라 밀려든 밤은
여기와 저기의 구분 없는 언어였다

비로소 사람들은 한 덩어리가 되었다

바다는 이해를 초월한 평화였다

2부

현재의 비밀

 편의점에서 삼각김밥을 사들고 나오며 마주친 계단 하나가 그 다음날 나의 삼각김밥을 빼앗아간다 제멋대로 뻗어 나온 위선처럼 그럴듯한 함정이다 꼼짝없이 다리 하나를 끌며 방안을 서성인다 비극적 운명은 좀처럼 들키지 않는다 나는 길바닥 고도의 창 바깥으로 돋은 풀을 이제야 발견하는 척한다 저 풀도 분명히 이름이 있지만 모두 잡초라고 부른다 나도 이름이 있지만 몇 가지의 잡으로 불리는 것과 같다 느린 말투는 위장이다 싸구려 연대감은 꽤나 센티멘털하다 풀을 향해 손을 뻗는다 그때 미리 준비된 바람이 귓속을 파고들며 속삭인다 예언처럼 새벽이 다가온다 다음의 태양은 제거된 상태다 천둥은 번개를 동반하지 않는다 위협적인 빗소리가 제 시간에 도착한다 한꺼번에 저쪽 벽과 이쪽 담이 무너진다 무너짐에 대한 전조는 완벽히 제거되거나 컨트롤된다 무너진 틈에 불행한 돌멩이 하나가 낀다 어떻게든 끼워 넣어야 한다 리버브 가득한 비웃음이 공중에 가득 퍼진다 떠들썩한 현재에서 철저히 제외된 나는 조금씩 사라진다 비밀은 비밀스럽게 퍼져 나간다

일요일과 월요일 사이, 밤

노크 소리를 들었다
문을 열면 어둠이었다
예의를 갖춘 이별이었다
누구도 다치지 않을 다정한 인사였고
정성 들인 깨끗한 믿음이었다

변명과 핑계를 만들었지만
소용없는 일이었다 고작
한 문장에 담길 시간이었다

등의 곡선을 따라 감싸 안던
팔의 억양을 기억한다
부드럽고 따뜻해서 고마웠던 영원이었다
멀어지는 줄도 몰랐던 구원이었다
착각인 줄도 모르던 함께였다

노크 소리를 들었다
미워하고 싶지 않은 마음

문을 열지 않아도 멀리서 다가오는 기억을 알 수 있었다

 고요였다

잘못 적은 단어

오래전 묻어두었던 마음에서 싹이 트는지요
요즘 저는 자주 오타를 내곤 해요

잦은 빗금이나 아지랑이들 틈에 섞인 느낌표를
오래 수거하고 있어요

그것들 책상 위에 장식하면
제법 그럴듯한 미소를 짜낼 수 있죠

이제는 그 방법도 잘 먹히지 않아
자주 배가 고파요

그럴 땐 내 몸 어딘가에 무성히 자라고 있는
외로움을 조심스럽게 잘라요

오래전 묻어두었던 마음에서 무엇이 돋아나는지요
오타는 잘못 적은 단어들이죠

자꾸만 상처에 흉터에 눈길이 머문다면
모른 척 아무 말도 하지 마세요

공허 위로 사다리를 놓을 수 있을 때까지
나는 잘못 적은 단어들 주위를 서성이고 있을 게요

윗집 아저씨 구두 때문이 아니었다

 윗집 아저씨는 집을 나설 때마다
구두를 신었다
오후 2시쯤 계단을 내려가서
새벽 3시쯤 다시 오르는
아저씨의 구두는 대체로 취해 있었다
꾹꾹 누를 수 있는 것이 모서리뿐인 듯
계단을 오를 때마다 쾅쾅 구두가 울었다
우는 구두가 내 방 앞으로 지나갈 때에는
내 방 바닥도 따라 쾅쾅 울었는데
그럴 때마다 나는 잠에서 깨어
윗집 아저씨의 울음이 부디 충분했으면 좋겠다는 생각을 했다
 그리고 다시 잠이 들면 나는 꼭 꿈을 꾸었다
 가슴을 쾅쾅 내리치며 흐느끼는 중년 여인의 굽은 등이나
 집에 돌아와서도 가방을 내려놓지 못하는 어두운 손이나
 기둥 뒤에 숨어 있던 침묵이나 거짓말 같은 것들이 번갈아 나를 쳐다보았다

꿈이라는 생각을 꿈에서도 했지만 도통 깰 수 없는 꿈을 꾼 날에는
오래 걸었다
되돌아갈 길이 아득해질 때까지
길 위에 지난 꿈을 몰래 버리며
주머니 속에 새로운 바람을 한 움큼씩 훔쳐 넣었다
꿈을 다 버리지 못했을까 봐 멈칫대는 시간
내 방으로 이어진 계단에서 턱턱 운동화가 울었다
어둠의 자락이 접히는 안쪽에 수북한 누군가의 어제와 오늘들
모든 울음이 밀려 쌓인 모서리
윗집 아저씨의 구두만이 아니었다

1평 가게

내 방이 지겨워진 나는 방을 나섰다
문을 나섰다 길을 걷다 갈림길을 만나면
늘 걷던 길 대신 골목길로 들어선다

두 명의 어깨가 부딪치며 지나가는
그 좁은 길에도 꽃 화분들은 나란히
벽에 기대 이토록 순정한데

어릴 때
내가 매번 숨던 다락처럼 얕은 이층집
포근하게 더러는 피곤하게 서로의 턱을 받치며 졸았다

그 골목을 터덜터덜 걷다
모퉁이를 따라 텅 빈 벽을 따라 골목은
큰 길로 이어졌는데 언제부터 있었을까

1평 가게
도자기로 구워낸 고양이 가족 여럿 거느리고
소문도 내지 않고 바람처럼 들어앉아 다정했다

한창 놀다 하늘을 보면 어느새 저녁노을이었고
걷는 법을 모르는 아이처럼 집으로 뛰어들면
엄마의 앞치마에 묻은 저녁 반찬 냄새 훔치던

내일이 무엇이어도 상관없는 그날 같아
유리창 바깥에서 동그랗게 눈매 뜨거워지는데
내 마음도 모르고 사장님은 들어오라고 손짓한다

내 등 뒤로 모자가게 아줌마가 누군가의 안부를 묻고
어느 집 일용할 양식을 배달하는 홈마트 사장님의
자전거 패달 밟는 소리가 저 멀리 길게 끝나면

철없는 소리 작작하라며 등짝 때리던
엄마 소리도 들렸으면 좋겠다
1평 가게 사장님이 자꾸 들어오라고 손짓한다

편지를 태우며

편지를 태운다 느릿하게
종이를 타고 들어가는 붉은 선
금지된 냄새가 났다
언젠가 어떻게든 그렇게
처음부터 존재하지 않았던 단어들이
제 몸을 끊으며 나타났다 사라졌다

종이의 어떤 부분은 불길한 동그라미였다
슬픔과 절망이 새겨졌던 장막은 견고했다

그 정도 하면 되지 않았어?
아무것도 하지 않은 나에게 그러한 질문은 무례하다

검붉다가 검다가 진회색이 되어가는 낡은 편지에서 툭 떨어진 것은
자꾸 맺히던 눈물이었다

창밖으로 저녁이 왔다
서녘의 모든 것을 붉게 물들이며 하나의 해가 지고 있었다

산과 하늘과 바람과 새가 온몸으로 받아들이는 타오름이 있었다

오래 젖었던 마음을 창가에 건다 끊임없이 흔들리며

낡아지지 않을 편지의 첫 문장이 조금씩 선명해지는 새벽이 온다

즐겁고 유쾌한 기분으로

막 가로등이 켜졌다
젖은 땅이 잠깐 드러났다가 사라졌다

사람들은

끝나지 않는 겨울을 피해
각자의 손을 숨기며 바쁘게 움츠러들었다

덩어리로 뭉쳐진 안개가 가로등 주변을 에워쌌다
애매한 불빛이 평화로웠다

살아 있는 것에는 이유가 있으리라

 오랜 점멸을 끝낸 횡단보도 초록불이 견고한 빨강이 될 때까지
 뒤집은 마음이 바깥이 될 때까지
 단단해질 때까지

멀어졌다

멀어질수록 자주 잊었다가 불쑥 찾아오는 어떤 마음

얻을 수 없었던 표정을 얻기 위해 저질렀던 불가능한 태도
계획된 수군거림에 부응하는 저 차가운 공기
눌어붙는 입김

어둠은 불리한 조건을 모르고
아침은 어림없고
다음은 즐겁고 유쾌한 기분으로
알지 못했다

끝

그는 아침 일찍 거리로 나갔다
좁은 골목을 지나 야트막한 오르막을 천천히 걸었다
따르던 어둠이 점점 멀어졌다

붉은 대문 집 마당을 지나갈 때 강아지가 낑낑 대며
자신의 목줄을 잡아당기는 것을 보지 못했다

슬픔과 희망이 막연하게 뒤엉킨 공기를 들이마시며
오로지 하나의 끝을 바라보았다
오르막은 다가오지도 멀어지지도 않는 처음을 둔 채
계속되었다

하수구에서 태어난 날벌레처럼
무한히 자라나 온통을 뒤덮는 한숨처럼
어제의 꼬리가 그의 발목을 낚아챘다
잠시
비틀대기는 했지만 넘어지지 않았다
끝이 잠깐 흔들렸을 뿐
그는 다시 한 발을 내딛는 것으로 삶을 대신했다

더러움과 깨끗함은 현실적이어서 명확했다

처음부터 그가 뒤쫓던 것은 등 뒤에 달라붙은
텅 빈 황무지
그것은 아직 밝혀지지 않은 절망이기도 했다

그는 아침 일찍 거리로 나가 걸었다 끝없이

로코코식 농담을 곁들인 담화 풍의 헛기침

끝나갑니다
차분히 다가오는 마지막이 보이나요?

서명은 준비하지 않아도 됩니다
이야기가 누구에게 속하는가에 대한 질문은
일종의 복합적인 기호에 불과할 뿐
낯선 모양을 두려워하지 마십시오
구체적 재현에 가깝습니다

개념만으로 인물을 대신할 수 없겠지만
우리는 그러지 말자고 제시된 적이 있습니다
상호간의 신뢰이지요

문을 열고 다가오는 암묵에 대해
소스라친 환영을 부인할 수 없겠습니다
그저 관심사의 문제이며 관찰된 표시이지만
기본 구조로써는 아주 적합한 풍조입니다
신중한 접근이 요구되어지는 순간입니다
어쩌면 역설에 이를지도 모르겠습니다

마지막이 되어야 명확해지는 것을 두고
어떤 이들은 여전히 자의적으로 행동합니다

모방적 비난은 사실로 드러날 것입니다 결국
최소한의 양심 정도로 정의될 것입니다
마지막에 이른 대부분의 경향이니 주시하여야 합니다

들리십니까
모두 일어나 박수를 쳐 주십시오

번진 자리를 따라 가다가

몰래 가져다 쓴 시간과 버린 시간의 저물녘
책갈피 하나만 덩그러니 놓인 밤
불쑥 튀어나오는 이름처럼
자꾸 펼쳐지는 페이지가 있습니다

철새들은 그림자를 두고 날아오릅니다
아무도 좌절하지 않는 나머지입니다

반짝이던 첫 문장은 낡아져 이제
이렇다 할 단어는 몇 개 없습니다만
더욱 납작한 마침표입니다
영원히 쫓기는 환영 같은 것입니다

믿을 수 없습니다
그토록 뜨겁게 불타오르던 것들 모조리
거짓말이었습니까?

 아직 오지 않은 안과 밖에 대한 이야기를 남겨두었습니다

잘라내지 못한 것은 그대로 두기로 합니다

발이 시린 줄도 모르고 자꾸 뻗는 줄기처럼
늘어가는 빈 페이지에 인기척을 끼워둡니다

오늘의 시간은 끝났습니다

오늘의 시간은 끝났습니다
문을 닫습니다
시리우스별이 심각하지 않아서
기나긴 각주 따위는 필요 없습니다
큰개가 덥석 깨문 청백색 앵두는
빛의 속도로 과거입니다
초코 케이크처럼 뭉개지는 저녁입니다
한물간 너의 고단함이
사랑이라는 얼룩으로 남아도
제법 괜찮은 맛입니다
촘촘하게 박혔던 낮은 촛불 앞에서
별처럼 빛납니다 시리도록 까만
밤이 찾아올 예정입니다만 이미
준비는 끝났습니다
놀라지 마십시오 옮겨 쓰기 위해
작은 노트를 마련했습니다
반질반질하고 매끄러운 초록입니다
널어 두었던 우울이 마침 다 말랐습니다
다정한 안녕을 마지막 장에 끼워 두었습니다

과거로 기록되는 오늘은
기억에 남을 만한 일일 겁니다

장면

 이제껏 한 번도 볼 수 없었던 것이다 그에게는 질주만 가능한 내리막길이 남았다 그의 발꿈치가 어디로 향하는지 어느 누구도 알지 못했다 어느새 당연했지만 문득 새로워진 길 위에서 그는 간단하게 손을 흔들어 보았다 그를 알아채는 것은 금방 흩어지는 기회와 움직이지 않는 시간뿐 영원히 잊히지 않았으므로 매번 처음인 것처럼 돋아나는 절망이 있어 차라리 안심이 되었다 그는 다른 선택을 했다 치솟는 바람을 안았다 고단했던 등과 어깨가 부드럽게 뒤로 젖혀졌다가 구겨졌다 가라앉은 것들 사이에 숨겨진 문이 있었다 허물처럼 벗겨진 공포가 덧칠 된 붉은 색이었다 그는 그 한가운데에 달린 작은 고리를 언뜻 보았다 적어도 평안해 보였다 손을 뻗었으나 닿지 않았다 그러나 문 뒤에 숨은 것들을 결국 알지 못했다 그의 결정과 관계없는 내리막길은 끝나지 않을 것 같았다 이제껏 한 번도 볼 수 없었던 것이었다

10분 남았습니다

 기대하지 않는 날이 있습니까 밝은 아침에 대해서 말입니다 서두르지 않고 천천히 그리다 보면 자세히 알 수 있습니다 다시 돌아오지 않는 것에 대해서 말입니다 어긋나는 것은 막다른 곳에 모입니다 반복은 반복으로써 의미를 갖습니다 믿을 수 있겠습니까 불꽃놀이를 보았습니다 차가운 것과 뜨거운 것이 번갈아 녹습니다 도망치는 것은 다음번으로 미룹시다 어디에서도 보입니다 울음을 닮았다는 누군가의 상상에 대해서 말입니다 타 닥 타 닥 뜁니다 걷는 것은 금지되어 있습니다 잘못과 바람도 일부러 놓쳐야 합니다 그리하여 모든 정각은 달려가던 것의 마지막입니다 빈 병에 든 것은 휘파람입니다 마음은 제거 가능합니다 움직이는 것도 허용됩니다 다만 문지를수록 더러워지는 것은 미리 기침으로 알려집니다 모든 것은 제대로 움직입니다 함성이 들립니까 일제히 같은 시간입니다 자정을 위한 기대가 있습니다만 감추는 것은 없습니다 이제 10분을 남겨두었습니다 기대를 접으면 내일이 됩니다

낡은 의자에 앉다가

튀어 오르는 것이 있습니다
가시입니다
그럴 수 없었던 마음입니다
틈으로 기울었던 것은 미련 때문이었습니다

나란히 서서 사진을 찍었던 때가 있었습니다
어깨에 얼굴을 기대고 편안했던 그날은 알지 못했습니다
돋는 것을 알아채는 것 아픔을 견디는 것 언젠가 누그러질 것이라는 것
그러한 비밀은 없습니다

작은 웃음소리였습니까
무엇을 믿었습니까

튀어 오르는 것이 있습니다
오래된 이야기이자 지금의 독백
우리가 대면하기 꺼렸던 너머의 순간과 고의로 잘못 읽는 두근거림입니다

없었던 것이므로 버리지 못합니다
가지런히 진열된 암시에서 고를 수 있는 것은 울음입니다

니들펠트*를 위한 고양이 동원령

예를 들자면 그런 것입니다

대청소를 할 때 말이죠 용케 무너지지 않은 책 더미 뒤쪽에서 동그랗게 말려 있는 것을 보게 됩니다 이제 와서 생각해 보니 불완전한 각도의 더미가 지탱할 수 있었던 것은 발견을 위한 장치였을까요 이러한 생각은 아주 훗날 알려질 고찰에 의해 증명될 예정입니다

책 더미 뒤쪽에서 우리의 반응은 대체로 같을 겁니다 대충 난처하고 엉성하게 흐르는 땀을 닦으며 흩어지지 않게 부드럽게 살금살금 깊숙해지기 전에 극진한 자세로 엎드립니다 그리고 예전을 떠올리겠죠 아무것도 모르던 시절 말입니다 그러나 지금은 어쩔 수 없습니다 맨 처음은 어디부터였을까 하는 심정으로 손가락을 뻗습니다

아주 예민합니다 잘못된 바람에도 그냥 흩어집니다 닿기 시작했다면 어쩔 수 없음을 알아야 합니다 여지없

---

* 짐승의 털들을 바늘로 찔러 마찰을 일으켜 조직을 조밀하게 하고 표면의 털끝이 서로 얽히게 만들어 공이나 인형, 장난감 등을 만드는 공예의 방법.

이 잠식됩니다 개의치 말아야 합니다 드디어 손끝에 닿았고 닿았고 닿았고

  원인을 알 수 없는 재채기의 기원에 대해서는 논의하지 맙시다 하나의 털 뭉치는 먼지와 별개입니다 단순히 니들펠트를 위해 고양이를 동원했다는 변명만 합시다

오늘의 그

 오늘의 그는 아주 멀리에 도착했습니다 간혹 말하곤 했던 것입니다 하나의 발자국이 다른 발자국을 밀며 도착한 곳은 어디도 아니었습니다 작은 개울 앞에 그가 섰습니다 물은 서로 다른 음계로 진행됩니다 가지런히 포개거나 겹쳐 쌓았던 것은 후회였습니다 털어지지 않는 먼지처럼 그의 곁에 붙어 있던 것이 무의미였는지 확실하지는 않습니다 개울에는 누군가 애써 놓았을 징검다리가 4개나 있습니다 하나와 하나 사이가 너무 멀어 그의 한쪽 발이 물속에 있어야 합니다 급하지 않습니다 우연히 벌어진 나쁜 일은 대부분 오랫동안 기억됩니다 물살이 발등을 할퀴고 지나갑니다 그때 외면이 그의 손을 잡습니다 가장 빨리 오고 굉장히 다정하지만 쥘수록 조여지는 것은 숨길입니다 알고 있습니다 외면을 외면하는 것에 대해 누군가 놓은 징검다리는 좋은 본보기입니다 둥그런 달이 개울 위에 떠오릅니다 발을 더욱 깊게 담그기 좋은 때이지만 들리는 것은 서로 다른 노래입니다 어둑한 방향으로 나아갑니다 이미 도착하고도 남았을 치욕은 어디에도 보이지 않습니다 커다란 달이 개울 속으로 지고 있습니다 발등의 상처가 더

욱 깊어지고 길어집니다 노래가 끝나갑니다 아주 멀리 돌아 도착한 오늘의 그는 드디어 불운을 내려놓았습니다

서커스

  책장을 갈래 없이 넘겼다
하필 내 손에 닿은 것은 오래된 유머집이었다

  눈을 한 번 감을 때마다 전등이 꺼졌다 해묵은 우스갯소리가 팬터마임으로 펼쳐졌다

  여행을 좀 다녀오면 괜찮아질 거에요

  좌우로 길게 움직이는 그네가 공중에서 두어 번 회전하자 꽃가루가 날렸다 전력으로 달리는 말 위에 서 있던 사람이 훔쳤던 것은 명백하지 않은 순간이었다

  애매해지는 것이 싫었을 뿐이에요 이해하시죠?

  온순하지만 순종적이지 않은 사자가 사육사의 채찍에 앞니를 드러내며 뒹굴었고 큰북을 멘 피에로가 조롱의 목적으로 행진풍의 박자를 밟았다 도리스 히톤을 입은 남자가 입에서 화염을 내뿜었지만 가짜였다

다 잘 될 거에요

외발자전거가 프로펠러에 묶인 박수갈채를 뜯어내느라 뒤뚱거렸다 훌륭했던 덕목이 넘어진 것은 그 전이었고 비밀스런 고뇌는 이미 도망친 뒤였다

당신의 앞날을 응원할게요

다양한 개인기가 미학적으로 끝날 무렵 내가 쥐었던 유머집에서 발췌해야 할 것은 오로지 '사실주의적 눈속임'이었음을 알아채고 말았다 무언의 서커스가 갑작스레 끝났다

3부

오늘의 문을 열면

두 손을 가지런히 모은 채 달려나갑니다
귀를 쫑긋대거나 두리번거리지 않을 겁니다
희미한 윤곽으로도 알 수 있는 뒷모습
늘어지는 것을 봅니다 느리고 긴 암시
멈출 수는 없습니다

자그맣게 움츠렸다가 순식간에 부푸는 것은
핑계일까요

선량한 나의 거절은 쉽게 더러워질 예정입니다
하필 먼저 터져 나온 것이 표정이었을 뿐
흘러내리는 불안을 닦으며 다만 질근거립니다
운명은 눈치 채지 않습니다

우연은 눈물처럼 흩어지고 각자의 의도로 이어진
수천만 개의 발판은 모두 가장자리 끝으로
밀려갑니다 경계 없는 결국입니다
오늘의 문을 열면

틈새만 펼쳐지는 이상한 세계입니다

와디*

울음이 고여 썩은 저수지 둑에 앉아 나뭇잎을 하나씩 떼어냅니다

우리는 끝없이 달렸죠
멈추지 않았어요
나아가다 넘어졌어요
넘어졌어요
어떤 날은 그대로 울었습니다

발에 걸린 것들을 움켜쥐며 기도했어요
무슨 뜻인지도 모르면서 발등을 털어냈습니다

한 시대가 지나갔나요
알 수 없었습니다

해가 져서 추워지기 시작했습니다
추위와 어둠은
있었지만 없었던 서로의 시간 속에서도

---

* 건조한 지역에서 볼 수 있는 간헐하천. 평소에는 물이 흐르지 않지만 큰 비가 내리면 물이 흘러 강이 된다.

한결같은 환상
그때 그랬다면 어땠을까요
막다른 골목처럼 벗어나기 힘든 결말이죠

커다란 나무 밑에 웅크린 채 지루한 사실을 견디는 것은 꽤 낭만적입니다

남은 자의 의문

여기가 어디인지 기억나지 않습니다
발을 헛디딘 것일까요

의자가 있었습니다
나는 구부정한 등이었죠

저기 눈길에서 망설이고 있는 늙은 개처럼 땅 너머가 있는지 몰랐습니다

작은 돌멩이 옆에 어른거리던 그림자 몇이 거대한 나무의 잎사귀였는지 아무도 모르게 피고 졌던 이름 모를 꽃이었는지 이제는 알 수 없게 되었습니다

믿지 못하는 마음 한 귀퉁이가 빛에 바랬어요
쓸쓸한 나머지 부분이 마지막 힘을 냅니다
무엇이 본질이었는지 모르겠어요

나는 모든 것을 사랑했습니다
지나버린 빛을 쫓아 서둘러 담장에 오르기 전까지의 결심은 아주 쓸 만했어요

남은 것이 없었는지도 모르겠습니다 어디로 뛰어내릴지 알 수 없게 된 이후 돌아갈 수 없는 것에 대해 사랑에 대해 기억나는 것이 없습니다

붉은 돛들이 활짝 육중한 돛대 위에서 바람 반대편으로 돌아갑니다*

---

* T. S. 엘리엇의 시 「황무지」 "3 불의 설교" 중에서.

암시暗示는 아닙니다

우리를 띄어 읽기 전에 체크해야 할 것이 있어요

최저가 햇빛에는 사랑이 옵션이었으니까 아침마다 배회하는 먹구름 베이스 사이에 적당한 상상력을 뿌려두셨나요

엎드린 이들에게는 멀리 아름다운 목소리가 꽃처럼 피어났겠죠
맞잡은 손바닥에는 몇 소절의 노래가 남았을 거구요

완벽하진 않지만 목청껏 대답하는 첫 번째 저녁을 맞았다면
다음 채도는 서로의 기억이었을 거에요
틀림없어요

어느 귀에도 닿지 않은 메아리가 몇 번의 저녁과 아침을 넘나들며 흘렀나요
마음속으로만 되돌아가는 전진이었죠
그럭저럭 밝아오는 달빛에 기대 울음이 무성해질 때 다음 아침을 기대했을 거에요

모든 시작은 차근차근 다가올 어긋남을 감추고 있다는 주의사항을 알고 있었을 거에요
 건너뛰기 위한 베일을 두르세요
 서두르세요

 준비는 끝났습니다

 처음의 우리는 잠깐 설   던 한 발걸음에 자꾸 낯설어질 거에요
 그때 비로소 우리의 헛된 띄어 읽기는 처음부터 알아차리지 못할 겁니다

통과점

까마귀가 날아오르는 것을 보았어요
이미 아침은 무거웠고 명백함은 흔들리지 않죠

내일의 할 일들을 하나씩 지울 때마다
의자 밑에 두었던 발등이 조금씩 사라져요
철자와 발음이 맞지 않아 제외된 것들은
세련되지 못한 혼란으로 남아 두리번거리겠죠

단 한 번

쓸모없는 구분에 대해 생각했어요
 어제는 연필 끝에서 태어났다가 흐려졌던 함정이었을까요
 오늘은 멈추지 않는 것들 위에 놓인 채 각각 떨어지거나 퍼지는 흔적일까요
 의심이나 확신의 한가운데
 빽빽하게 세웠던 것은 바람이나 흔적
 그 어떤 것도 지나가기 위한 것이겠죠

아침에 날아올랐던 까마귀가 피뢰침 끝에 앉아 움직이지 않아요
 돌아오지 않을 거에요

무엇이 남았나요

두 페이지에 걸친 각각 다른 꿈을 꾸었어요

슬픔이 마비된 자명종이 사랑의 파편을 유린하며 우는 한…낮
믿었던 윤곽은 더 이상 유효하지 않은 유행처럼 여름이었죠
계절은 순서를 지키지 않고 도착하고 떠나요 여전한 낯빛으로
현실인지 아닌지 애매한 갈래가 우리 앞에 있을 때 서두르지 말아요

스스로 기억하는 자만이 모든 것에 의미를 부여할 수 있으니
어둠은 침묵할 뿐 질문을 던지지 않거든요

숲을 떠나 흐르기로 해요 다른 관점을 보았더라도
뭔가 달라지지는 않을 거에요 장막을 걷으면 허구
우연히 남겨진 갈망 따윈 포기하기로 해요

무엇이 남았나요

웃음의 목적을 믿기로 해요 바짝 붙은 내일을 위해
잃어버린 연대나 결손 같은 어려운 소음들을 먹으며
지금 울어요

두 페이지에 걸쳤던 각각의 꿈은 하나의 시점으로 오
그라들 거에요
 이제, 자명종을 끌 시간이에요

이미 알고 있었음에도

문학 모임 끝자리에 앉아
식사로 나온 곰탕을 뒤적이는데
어느 테이블에선가 왁자하게 웃음 터지더니
인천이 고향이라 하는 어느 시인이
하나개해수욕장 일몰을 본 거 아니라면
노을에 대해 쓰지 말라고 불쾌한 얼굴로 큰소리쳤다

탁자에는 피조개무침이 시뻘겋게 맛있었는데
나도 시를 쓰는데
내 시에도 번지는 저녁하늘이 있는데
하나개해수욕장 일몰을 본 적이 없어서

　곰탕을 애매하게 두드리던 숟가락을 놓고 슬며시 빠져나왔다

　서울 종로 한복판
　아직 끄떡없는 해를 바라보자니 이참에 나도
　제대로 된 노을이나 보자고 지하철이 달리고 버스도 달리고

하나개해수욕장에 도착했지만
바다와 하늘이 경계 없이 섞인 거대한 어둠만 그득했다

나는 이제 노을에 대해 쓸 수 없겠구나

조금만 주도면밀하게 쫓았더라면 성급하게 내달리지만 않았더라면 좋은 날을 잡았더라면 그런 날이었더라면 온갖 라면이 해변가에 쌓이고 그런 내가 한심해서 눈물도 살짝 났는데

저기 멀리 반짝 가로등 옆으로 햇무리가 지하철에서 버스에서 내내 상상하던 해가 아주 잠깐 빙긋 나타났다 사라졌다

자주 울었던 날들은
저렇게 멋진 태양을 보여주기 위했던 것임을
이미 알고 있었으면서도

멀리 와서야 처음에로 돌아간다

그네를 타다가 익사할 확률에 대한 변수들

바짝 갖다 대면 차갑고도 고요한 바다가 넘실댈 거예요
가파르게 오르내리는 물결 속에는
당신이 버렸던 진심이
얼룩처럼 드러났다가 사라지겠죠
눈을 감고 가만히 가라앉기를 바라는 마음이었나요
천천히 떠나가며 가볍게 흔들리다가
기어코 멀어지는 희망은 영원히 모호합니다
상관없이
우리의 숨은 채워집니다 익숙해지지 않는
환희 따위는 기억하지 말기로 해요
가까이 다가갈수록 잘못 던져진 태초만이
바닥 위에 엎드린 채 시간마다 수수께끼를 삼키죠
엇갈린 채 옅어진 발자국과 발자국은
제일 외딴 곳으로 향합니다

오랫동안 돌아오지 않을 것 같습니다

그러나 이제 우리는 다음으로

 잘못되었거나 이상하지 않습니다 누구든 웃자란 마음을 다듬고 자르는 일에 숙련될 수 없습니다 그러니 첫 순간에 흐르던 강물 그때 포근했던 구름 이미 벌어졌던 상처와 같은 비가역적 문장을 찢기로 합시다 뒤돌아섰을 때 후련하거나 무거웠던 마음을 눈치 챘다면 벌써 다음입니다 걸음을 멈추었던 시간에 다다랐을 때 파편의 거품이 넘칩니까 배가 자주 고픈 것은 그러한 이유입니다 다른 장면을 끌어다 넣어 두었던 냉장고는 선반마다 침묵으로 뒤엉켜 있습니다 알람이 울립니다 재촉하는 일은 쉽습니다 고민하지 않기 때문입니다 잠깐 스쳐가는 것들이 단단하지 않은 이유와 같습니다 우리는 의자를 밀며 일어섭니다 의자를 잡았던 바닥이 소리를 내며 흔들립니다 의자를 미는 것은 의지입니다 일어서는 것은 수치를 모르는 두 다리입니다 나아가는 것은 꿈일지도 모릅니다 그러나 이제 나는 지금을 넘습니다

단 하나의 이유를 든다면

  가을이 오나 봐
  엉겁결에 대답하고 일어서려고 했어요 그만 두려던 참이었거든요
  하필 그때 뒤로만 뻗어 엉긴 티끌들이 옷자락을 잡아끌지 뭐에요
  질문이었는지도 모르겠어요

  보이지 않는 하나에 가만히 손을 얹은 채 나는
  눈부시게 아름다운 시간은
  아무리 하여도 어쩔 도리 없이 무너지는 마음이었다고
  진부하게 고백함으로써 여름을 끌어안을 수밖에 없었어요
  끝나지 않은 것이 깊어질수록 나는 사라지거든요

  이유를 모르겠어요

  발걸음 하나마다 의미를 두기에는 태어난 사람들이 너무 많아서
  자주 생략되거나 완전히 닫혀 버린 날이 있다는 걸

모른 척하고 싶었을지도 몰라요

창문을 닫아요 나머지 겨울이 불결한 소문처럼 길게 부딪치고 있어요
어리둥절할 필요는 없어요 제자리는 없으니까요 그러면

우리는 어느 문을 열어야 하죠

비 그친 후

희망이 사라진 시간을 먹는다
부스러기가 그 흔적 위에 떨어진다

처마 밑에 숨었던 새들이
접었던 날개를 펴고 날아오른다
바람이 분다
나뭇잎이 빗방울과 함께 떨어진다

내일을 이야기하는 사람들이 떠난 자리
비에 젖은 흙에서 형벌처럼 시가 자라고
오늘이 우두커니 휘파람을 분다
어둠과 함께 바깥이 인사도 없이 들어온다

달은 어제의 것이다
기억해야 할 어떤 것도 남아 있지 않은데
노을이 진다

꽃이 진다

오래 내리던 비가 그친 후에야
젖어있는 마음이 보인다

더닝 크루거 효과로 잘못 알려진 그래프

 몇 가지 비슷한 장면에 대해 토론을 벌인다고 생각해 봐 인식은 시간을 이길 가능성이 없다는 문장에 고른 동의를 얻을 수 있겠지만 일부 배경이 튀는 문제점을 가지고 있지

 지나치게 강조된 어둠을 빼고 나면 은폐된 열등감으로 진득해진 텅 빈 새장뿐이라는 논리였지만 누구도 울지 않았으므로 간단하게 무시될 가능성이 높아

 맞아,
무슨 말인지 알 수 없게 만드는 것이 핵심적 테크닉이지

 우리는 깨닫는 즉시 그래프의 바닥까지 떨어질 수밖에 없는 구조의 봉우리 꼭대기에 있어 난 다음 언덕까지 쉬지 않고 내달릴 수 있는 교만함을 만드는 중이야 단지 시간이 얼마 남지 않았어

전환을 위한 세심한 프로듀싱이 필요할 때 제시될 수 있는 가능성은 그렇게 많지 않을 것 같아 물론 절대적 권위라는 상표의 편견이 있어 그러나 주성분인 혐오가 갖고 있는 쾌락은 되돌릴 수 없을 만큼 강력한 실패가 디폴트값이야

저어기 가루처럼 흩날리는 것들이 보여? 그래서 우리는 아주 신중하고도 까다롭게 접근해야 해

나는
나를 부인하는 순간 자폭버튼이 작동되는 올햄*이 되고 싶지 않았을 뿐이야

---

* 올햄: 필립 K. 딕의 소설 『임포스터』의 주인공.

실토

어떤 소리의 근원은 의도에 있었다
너에게서 전화가 왔다

딱 맞아 떨어지는 것은 아니니까

버티고 서서 그냥 오는 대로* 붙잡고 있자던 그날의 새벽
똑같은 모습이었지만
서로 아무런 관계없는 시간이었다

현실을 다시 만드는 것은 불가능해*

지나가는 지도 모른 채 지나가는 순간이 있었다
텅 빈 우물 속을 들여다보는 얼굴이 있었다
자꾸만 미뤄두던
상냥하지만 어떤 감정도 싣지 않은 확신은
어떻게든 내팽개쳐질 최초에 불과했다

---

* 필립 로스 『에브리맨』.

사라진 길을 가리키는 너에게
가장 흔하면서도 귀중한 고백을 한다
부디 평안하길

어둑한 오후의 무료

아주 추운 날이었다 계절과는 상관없었다
담요를 머리끝까지 뒤집어썼다
눈앞이 깜깜했다
몸은 따뜻해지지 않고 잘못이 하나 더 늘었다

며칠 전부터 바깥에서 들리는 소리가 있었다
길을 잠깐 보여주다가 재빠르게 갈아엎는
진동이었나 울림이었나 흔들림이었나
그 모든 것을 포괄하는 확고한 목소리였다

백과사전은 다시 돌아가려는 힘에 반응할 때 나타나는 것을 진동이라 설명한다

 후회의 기록을 되짚는 소용없는 마음
 빈 봉투를 굳이 뒤집으며 꺼내는 낡은 시간
 먼지 냄새
 이미 많은 거절을 맛본 쓸모없고 뚱뚱한 뒷모습
 끝내지 못한 자책과 고통의 의미를 찾으려는 어리석은 등

사실은 흔해빠진 이유였다
주저했던 것은

의식과 무의식이 서로 얽혀 있는 담요 속에서
여전히 추운 채로
계절과 상관없이 나는 어떤 것도 하지 않았다

잘못이 계속 쌓였다

달콤하고 투명해서 위험한 밤이 오고 있어요

오래 걸리지 않을 거에요
시계는 가려졌어요
어둠은 잠깐 다녀간 낮의 다른 메모일까요
불쑥 튀어나왔다가 오래 오래 심심해요

책상 앞 동그란 창을 통해 달빛이 한 장씩 쌓여요
우리는 냄비를 준비하죠
밤의 절정이 달콤하게 우러날 때까지 입을 맞춰요
수수께끼가 하나씩 없앨 때마다 반짝
얼굴에서 뿌리가 돋아요
곧 밤이 끝나요
서둘러요

친절은 태초의 장식물 같은 거라고 했었나요
맞을지도 몰라요
뭉개진 바탕 위에 벗어둔 당신의 퀴네에(Kynee)*

자잘한 빛들이 슬그머니 웃어요

---

* 퀴네에(Kynee): 하데스의 황금투구. 자신의 모습을 감출 수 있다. '죽음은 보이지 않은 상태에서 찾아온다.'라는 의미로 사용되기도 한다.

달콤해서 위험한 것들, 환상이에요
위로에 먹히기 전에 준비한 대답을 꺼내 놓으세요
아직 시작되지 않았던 그날의 아침을요

나의 집

문을 열고 들어가면 뒤가 보이지 않았다
바닥에 놓인 8월
그림자 없는 정오는 비로소 안식을 찾았을까
나는 아무 의자에나 앉았다
눈이 바깥과 안을 구분하기 시작하면
벽과 벽 사이의 삐걱이는 이음새에
마무리 짓지 못한 이야기가 곤란하게 걸려 있을 것이고
오래된 가구가 내뿜는 과거와 현재 사이에
부염한 하늘이 흩어지는 것을 보게 될 것이다
뒤가 천천히 고개를 들었다
나는 의자에서 일어나 다시 아무 의자에 앉았다
간혹 시간을 줍기도 했다 그러다
예고 없이 약동하는 고백처럼
소나기에 붙들린 창가를 만나기도 했다
나는 멀리로 돌아 가장 구석에서 시작했다
남는 건 굶주린 밤이거나 들여다보는 얼굴이었다
들어서거나 나간 흔적 없이 완벽한 어제와 같은 모습 그대로
 그때까지 가만히 유지되어야 할 것은 나의 집
 그 외에는 필요하지 않은 이쪽이었다

4부

각각의 기억

출처가 다른 두 개의 마음입니다
같은 무게입니다
시소가 어디로도 기울어지지 않은 채 팽팽합니다
미세한 공기의 압력을 느낍니다
시소의 팔 하나가 땅에 떨어집니다
잠깐 기침이 났습니다만 짐작대로
저 혼자의 그림자입니다
미끄럼틀을 타듯 미끄러지는 것은 웃음입니다
다음 주쯤에 우리들은 계획이 있었습니다
거짓이 아니어서 슬펐습니다
눈을 감으면 상관없어질 것이라고 믿었습니다
시소의 팔 하나는 아직도 하늘을 가리킵니다
뿌리 내리고 자라는 것이 있습니다
지울 수 없는 흉터 같은 것입니다
문득 만져지는 온기 같은 것입니다
출처가 다른 두 개의 마음에 담긴
각각의 기억입니다

사소하지 않아서 오히려 사소했던 모든 것이었습니다

고맙습니다

따사로운 겨울입니다

라면 한 봉지와 반 봉지, 뚝 잘라 구불구불한 길을 펴고 불리면
하루의 일용할 뜨거운 가슴과 양식이 됩니다

오늘은 여기쯤 급하게 머리 숙이지만
언젠가는 저 너머 곱디고운 시간 위에서 느긋한 숨을 쉬리라
남은 라면 반 봉지를 단단히 여밉니다

우느라 납작해진 구름에게 흩어지지 말라는 손짓도 빼먹지 않습니다

하나가 빠지면 여지없이 무너질 더미처럼 아름답게 피고 지는 문장들입니다
여전히 밝게 빛나는 삶이 있다며 부드럽게 부러집니다

또 다른 하나의 침묵이 엎드립니다

줍는 일이 저의 몫입니다만 제자리걸음 중입니다

익숙해서 단호한 불행처럼 오늘의 뜨거운 몇 줄은
아주 길었고
안과 밖 그 어디에도 끼지 못한 주머니는 참으로 가
볍습니다

따사로운 겨울이어서 다행입니다

평범한 식사를 위해 우리는

프라이팬에 기름을 두르고
뜨거워지기를 기다렸다
중심이 사라진 계단에서 주웠던 위안은
싱싱했다

적당한 때 간결한 미소
몇 가지 모양 틀을 사용하기도 했다

각자의 기호에 맞는 내면 몇 꼬집
미리 준비한 꿈과 상상을 덧붙이자
완벽한 세계 우리는 서로
다른 질문과 맞닥트렸다

너무 뜨겁지도 너무 차갑지도 않게
까마득한 어둠과 이름도 없이 피었다 진
각자의 아득한 너

물끄러미 흔들리는 것들이 농담처럼 고개를 흔들었다

손에 달라붙었던 몇 개의 별자리
끝인지도 모르고 여전히 달콤한 약속들
황폐한 현실 위에 몰래 흩뿌려졌다

비로소
오래 잠들 수 있을 것처럼
환했다

읽던 집

 한 사람이 세상을 저주했던 시간과 절벽 아래 놓은 마음을 읽어요

 울지 않고 잠드는 법을 알려 주세요
 아가야 넌 울면 안 된단다 마음을 드러내는 순간 적의의 이빨도 은은히 빛날 것이니 너는 몰래 눈물을 삼키는 사람 고통을 관통하느라 빛날 젊음 없는 운명이란다

 햇살 아래 감출 수 있는 것은 없었어요
 정해진 길을 따라 걸을 수 없는 걸음을 덮고, 지친 발을 매달아 놓은 집을 메고, 닫히지 않는 창을 어루만질 때 비로소 너의 손등에 내려앉는 바람을 잡을 수 있으리니 그때 언덕을 올라 지천에 핀 들꽃에 몸을 숨기고 뒤엉킨 풀을 헤치며 혈관을 다듬을 적당한 시간의 굴레를 만날 수 있단다

 우리는 얼마든지 모르는 의미로 우두커니 있을 수는 없을까요
 누군가를 위한 사랑도 무의미하지 않았으나 타인의

것을 탐내는 자는 타인이 되리라 새겨진 돌판을 들고 점점 희미해지는 목소리를 받아들어야 했던 공허를 읽으렴

　그렇게 누군가의 시간 위에 나의 행복과 평안에 대한 불결한 고백을 얹는다

　나의 근거를 덮는다

닫습니다

당겨 앉은 의자 뒤에 숨긴 것은 무엇입니까

달콤한 이유가 제시됩니다
질문으로 시작된 거짓말이었어요

긴 소매 끝에 달린 것은 더러운 핑계, 간발의 차로 떠났던 속셈입니다

어디에나 있던 시간은 문지를수록 번지는 길을 만들었죠

바람에 뒤집힌 나뭇잎이 잠깐 반짝였던 것은 차갑지만 날카로웠던 예언 같은 것입니다

오늘의 일기에 적을 목록은
가장 가까운 비의 거리는 53킬로미터
가장 먼 산책을 떠나는 두 발
아무 일도 일어나지 않을까 하는 공포

나는 그저 드디어 도착하기를 바랐을 뿐이었습니다

조용히 눈을 감고 발을 뻗으면 어둠이 멈추지 않는 속도로 데려다줄 것입니다

바닥을 끌며 걷는 그림자가 의자에 내려앉습니다

당겨 앉은 의자 뒤에 놓인 것은 공백입니다

계단참에서 든 생각

접시에 놓인 시간을 이리저리 뒤적였어요
당신과 나 사이에 낙담이 고여 흐르는 것을 보았죠
우리가 끝에 다다라 고인다면 무엇이 될까요
길고 긴 어딘가로 희미해졌으면 좋겠다고
속삭였어요

길가에는 맥없이 자라난 목소리만
수줍게 수줍게
활짝 피어나던 오후였죠

지나간 사진을 들여다보며 잠깐 웃기로 했던 어제가
펄럭이며 날아올라요
한 걸음에 하나씩 잊기로 했던 약속은 이제 막

시작되었어요

돌아보면 벌써 저녁인데
더디 오는 바람이길
집으로 오르는 계단참에서 한동안 머뭇거려요

거짓말

비가 내렸어요
그런가 보다 했어요
첨벙이며 다가온 겨울이 창문을 두드렸어요
빗소리인가 보다 했죠
갑자기 시든 충만이
재미없는 농담처럼 구부정했어요
처음부터 적당하지 않았으니까 아무것도
스친 적 없는 무늬였던 것 마냥
오히려 산뜻했죠
감쪽같이 숨겨둔 역설을 키링처럼 매달아 두었어요
모두들 구경해도 좋아요
카펫처럼 저주가 깔리면
나풀대는 혀가 우아한 행진을 하죠
딱 한 번이에요
망각은
너의 구원이에요

그러니 거기 누구신가요

편지를 쓰기로 했습니다
이상한 별자리를 새기는 중이죠
가끔은 빛 같기도 했던 새로운 형식의 암흑, 어제에 관한 거예요

천장이 높아지고 있어요

언제 마음에 품었는지 성찰하는 것보다
시계가 언제 멈추었는지 알아채는 일이 더 무서웠어요

글자들이 흩어져요
자세히 들여다볼수록 희생되는 것은 미래겠죠
부유하는 것이 일상만은 아닌 날들 중에 제일 집요했던 것은 용서였어요
그것은 제 것이 아니어서 자주 달리는 꿈을 꾸었죠
도저히 말랑해지지 않는 기다림 같은 폐허 위를 말이에요

중력은 잊기로 해요

누군가의 주석으로 쌓아올린 바닥은 대답을 필요하지 않은 질문 같은 거니까요
 핑계나 변명 위에 붙여 놓았던 스티커가 길게 하품하도록 내버려 두세요
 나의 오늘은 그 위에서 떨어지는 일만 남겨두었거든요

 하지만 아직 첫 문장이 끝나지 않았어요
 그러니 거기 누구신가요
 문은 안쪽부터 잠겨 있지만 누구라도 문을 두드려요

하관

비행기에게는 풍장이 치러졌다

그날, 비행기를 내려놓은 하늘에게 미열이 일었다
이륙하던 하늘 가장 낮은 길과 활강하던 곡선들
모든 비행의 끈들이 욱신거렸다

바람은
기체와 하늘을 잇던 보이지 않는 끈들을 지우고 있었다

끈이 가진 시간과 속도, 비행의 모든 기록들은
비행기 무덤 안에서
풀어져 엉키고 끊어지고,

하늘은 길을 잃거나 비행기를 잊어간다

너가 나의 하늘이던 때를 떠올려 본다
나를 날며 내게서 찾아준 기록들을 기억해내려 애쓴다
팽팽해진 기록들이 여러 갈래의 끈으로 활로를 닦으며,

한 번 더, 한 번만 더 기체를 밀어 올려 보지만

사막의 마른 온도와 모래들 그리고 바람이
그 기억의 활로들을 어지러이 흩뿌리거나
툭, 툭 끊어지게 했다

비행기는, 무덤 위를 부유하는 저 기록들을 날려 보내기로 한다
하늘이 비행기를 영원히 내려놓았듯이 비행기는
제 모든 비행의 기록들,
기억하는 모든 하늘들을 영원히 날게 하려 한다

하늘보다 더 긴 비행을 이제 막 시작한 참이다.

모든 것 속에 하나

자그마한 상자가 바닥에 놓여 있어요
상자의 뚜껑은 닫힌 채죠
혼자 타오르고 저무는 시작이에요

그해 봄은 유독 흐린 날이 잦았습니다
꽃은 일찍 졌고 나무는 가지를 뻗지 못한 그대로
눈이 내리고 꺾이고 바닥에 놓인 채
꿈을 맞기도 했어요

상자의 안쪽은 눈물처럼 온통 암흑이었어요
보이지 않는 바닥을 견디며 차오르던 것은 질문뿐
젖은 모퉁이에 작은 창이 생기는지도 모르는
어지러운 기도였죠

자그마한 종이상자가 바닥에 놓여 있었어요
발로 툭 차면 와르르 무너지는 껍질이었어요

맨발로 걸어오는 이가 있습니다
사랑, 절실한 기도였습니다

감, 잡다

 도시에서 유학하던 아버지는 배가 고프면 설익은 감을 따 아랫목에 넣어두고 배가 고플 때마다 손을 넣어 가만가만 감을 만져보셨다는데, 단단한 감이 물러지기 시작할 즈음 밤이 깊어 가고, 만지면 보일 듯 말 듯 파문처럼 감의 껍질 위로 동그라미가 뜨는데 침이 고이고, 이불 속에서 설익은 감을 조심조심 눌러보며 나중에는 엄마의 젖가슴도 그렇게, 또 나중에는 갓 태어난 내 정수리도 그렇게 조심조심 눌러보셨다는데, 아직도 감나무를 보면 설익은 감을 따 가만가만 만져보시는 아버지, 초록빛이 도는 감 위로 아버지가 비치고 아버지는 약관의 청년이 되고 초록 감이 붉게 익는 것만이 세상 가장 큰 소원이던 그때가 청년의 눈 위에 되비치는데, 그런 아버지를 볼 때면 나는 내 바로 전의 생을 조심조심 더듬어 기억해 내곤 하는 것이다

늪

저 늪에는 파란 눈물이 고여 있다.

하늘이 내려와 둥지를 틀고
물푸레나무들이 옹기종기 이끼의 발을 담그는,
저 늪의 파란 잉크에서 산란하는 잉어는
모래의 여자*를 닮았다.

메마르게 서걱이는 갈대도 저곳을 지날 때면
어김없이 몬순의 구름을 몰고 와 발뒤꿈치를 적시며
몸의 균형이 흔들리는,

늪의 둔덕에 앉아 우두커니 초록의 파장을 지나는
소녀를 바라본 일이 있다.
긴 강물의 흐름에서 벗어난 외톨이 미아가 흘리는 젖은 서신
  종자 씨앗 같은,
하루살이 그 배후를 촘촘히 걷어내며 읽노라면
어깨 툭 치는,

---

* 아베 코보의 소설.

그 소녀의 늪에 갇힌 잔물결, 소년이 된다.

산책

우리를 통과한 오래된 길을 걷는다

그 봄날 부풀어 오르던 가슴을
발자국으로 세어보다
보폭을 짧게 참아 본다
어디까지가 아름다웠던 걸까

발끝으로 깊어지는 그대에게 가는 길
흐려지는 시야엔 흩날리는 그대와 나의 날들이
가을 이파리 따라
허공의 손짓을 그려내고 있다

어서 오라는 듯
어서 가라는 듯

어디가 앞이고 어디가 뒤일까
서로 이마를 맞대면 그대와 나는 앞이고 뒤였는데
그대가 만져주던 그대 앞의 이마를 가만히 만져 본다

찬 이슬이 맺히는 가을 산길
앞서가는 짧은 산 그림자를 그대처럼 쫓아가며
그대가 잠겨있는 만추의 풍경 속으로
나의 숨결 하나 스며든다.

디어 루나

 과호흡 증후군에 시달리기를 며칠, 투명한 비닐봉투에 얼굴을 디밀어 가쁜 숨을 쉬는데 투명한 달, 하나, 떴다가 삭아들고 부풀었다가 오그라들고 팽창하다가 수축하고 커졌다가 작아지고, 달은 어디에 숨었다가 다시 나타나는 걸까 큰 숨을 내뱉고 들이쉬고 달이 뜨고 지고, 달은 육체가 없는 혼처럼 신출귀몰한다 밤은 그 꼬리가 보이지 않는데 잠잠한 달, 달이 머무른 봉투 안엔 물기가 맺히고 구겨진 내가 있다 달은 어디로 갔을까 내가 먹어치운 게 달이었나 끼익, 머릿속을 공전하는 달을, 이마를 흘러 목을 타는 달이, 내 몸에서 천천히 부푸는 달을 느낀다 달은 왜 숨었다가 다시 나타난 걸까 내 몸속에서 달을 꺼내보는 밤 가쁜 숨을 돌이켜 젖은 이마 위로 키득키득 전등이 비추는 밤에 왈칵 쏟아낸 달빛, 달이 옷을 벗으면 이런 모습일까 달의 그릇을 바꿔보며 대상 없는 죄책감을 느끼던, 한여름 밤.

해설

기억의 파동이 구현해내는 자기 귀환의 미학
— 김조민의 시세계

유성호(문학평론가, 한양대학교 국문과 교수)

1. 서정시가 가지는 성찰과 회귀의 양면성

김조민의 시는 낭만적 주체가 이루어가는 성찰과 회귀의 여정을 선명하게 보여줌으로써 세계내적 존재로서 수행해가는 '시인'으로서의 존재 방식을 집중적으로 들려준다. 그의 시는 단순한 추억 지향에 멈추지 않고 원초적 삶의 원형을 재구축하려는 신생의 노력을 적극 포괄한다. 이때 김조민의 시쓰기는 맹목의 나르시시즘을 벗어나 자신을 갱신해가는 발견과 개진의 과정으로 몸을 바꾸어간다. 이번에 우리가 접하는 그의 첫 시집은 이러한 의지와 태도와 작법이 구체적으로 실현된 미학적 성과로 다가온다. 그는 그리움의 충동과 근원적 회귀 의식을 통해 자신이 써가는 시편들로 하여금 기억과 응시를 통합한 순간적 점화點火의 기록으로 각인되게끔 하고 있다. 이때 시인은 성찰과 회귀의 끝없는 순환 과정을 치러냄으로써 자신이 축적해온 시간의 깊이를 한없는 사랑의 힘으로 우리에게 건넨다.

두루 알다시피 우리는 주체가 세계의 원리에 대해 명료한 판단을 가지기 어려운 시대를 살아가고 있다. 최근 서정시에서 주체와 세계를 융합하는 화음보다는 그 사이의 격렬한 파열음이 빈번하게 등장하는 것도 어쩌면 필연적일 것이다. 하지만 김조민 시인은 일상화된 균열 속에서 순간적으로 드러나는 기억의 현재형을 일관되게 포착함으로써 서정시가 가지는 성찰과 회귀의 양면성을 최대한 실현해가고 있다. 그만큼 그의 시는 서정의 본질을 통해 자신만의 '존재의 집'을 무던한 섬세함으로 지어가고 있다. 이제는 사라져버린 시간에 대한 기억을 통해 자신의 존재론적 수원水源을 또렷하게 포착하고 표현해온 것이다. 이제 그 기억의 파동 속으로 한 걸음씩 천천히 들어가 보도록 하자.

2. 동경과 자긍을 통한 성장과 성숙의 리듬

대체로 눈 밝은 시인은 새로운 인지적 충격을 통해 삶과 사물의 본질을 발견해가는 데 공력을 다한다. 그러한 사례를 일러 랭보(A. Rimbaud)는 '견자見者'라고 명명하였거니와, 김조민은 숨겨져 있는 삶과 사물의 이면을 투시하고 발견하는 견자로서의 직능을 매우 다양하고 또렷하게 보여주는 시인이다. 우리는 그의 시를 통해 구체적 상황에서 촉발된 사유와 감각이 삶의 비의秘義로 옮겨가는 상상력을 만나게 된다. 하지만 이렇게 주체와 대상을 결속하는 것만이 김조민 시의 과제는 결코 아니다. 그는 사유와 감각의 구체를 통해 삶의 진정성을 추구해가지만, 그 안에서 슬픔의 존재론이랄까 통증의 원형이랄까 하는 것을 구현함으로써 심원한 의미에서의 '삶의 시인'이 되어가고 있기 때문이다. 앞에서 우리는 그의 시의 바탕을 '낭만적 주체'라고 했거니와, 이때 낭만적 기조基調는 미지의 세계에 대한 동경憧憬을 바탕으로 다양한 극성極性을 포괄하려는 정신적 운동을 함축한다. 탕진을 모르는 페이소스와 스스로의 삶에 대한 끝없는 자긍自矜을 통한 회귀적 상상력이 그 안에 한껏 깃들어 있다고 할 수 있을 것이다. 다음 시편을 먼저 읽어보자.

내가 뒤돌아봤을 때 아무것도 없었다 누군가의 발소리를 들었다고 두고 온 침묵이 생각났다고 부풀어 오른 어둠이 등을 떠밀었다고 단지 혼잣말을 할 수도 있겠지만 사실은 발끝에 걸린 보도블록 때문이었다 누군가의 아주 사소한 실수로 잘못 놓인 사각형은 자신의 모서리 하나를 허공에 놓고 있었다 연속성을 잃은 어제와 오늘처럼 예측할 수 없는 다음이어서 오히려 간절한 기도였다 어쩌면 나는 갑작스런 목소리를 들었다고 말할 수도 있었다 멀어지지만 않는다면 돌아갈 수 있으리라 갈래의 길 앞에서 오랫동안 말라가던 그날은 순간과 순간 사이에서 뿌리내린 그림자였다 덩굴이었다 밧줄이었다 무엇이든 낚아채는 다짐이었다 그때의 내가 차라리 잘못 놓인 보도블록처럼 현현한 울음이었다면 설명되어지는 이전과 이후가 있었을까 내가 뒤돌아봤을 때 솟아난 기척은 너무 은밀해서 아무것도 볼 수 없었다
—「잘못 놓인 보도블록처럼」 전문

이 축약된 자전自傳 속에 '시인 김조민'의 존재론적 원형이 들어 있다. 뒤를 돌아보았을 때 아무것도 없는 상황, 물론 "부풀어 오른 어둠이 등을 떠밀었다고" 혼잣말을 할 법도 했지만, 시인은 그 모든 것들의 확연한 부재가 "발끝에 걸린 보도블록 때문"이었다고 고백한다. 누군가 실수로 잘못 놓은 사각형 보도블록은 모서리 하나를 허공에 놓고 있었고, 마치 그 형상은 "연속성을 잃은 어제와 오늘"을 딛고 이루어진 "간절한 기도"로 다가오는 게 아닌가. 그때 시인은 "울음이 밀려 쌓인 모서리"(「윗집 아저씨 구두 때문이 아니었다」)를 마주하면서 "사랑, 절실한 기도"(「모든 것 속에 하나」)를 시작한다. 멀어지지만 않는다면 돌아갈 수 있을 거라고 생각하지만, 수없는 갈래 길에서 순간을 이어주던 그림자처럼 시인은 스스로 "오랫동안 말라가던 그날"을 떠올릴 뿐이다. "잘못 놓인 보도블록"처럼 "현현한 울음"으로 자신이 존재했다면 "뒤돌아봤을 때 솟아난 기척"으로 남았을지 모를 것이라 예감하

면서 말이다. 비록 아무것도 보이지 않지만, "잘못 놓인 보도블록"은, 은밀한 발소리처럼, 두고 온 침묵처럼, 이제 돌아갈 수 없는 시간처럼, 시인 스스로의 오래된 초상으로 남을 것이다. 그러니 그것은 "잘못 놓인" 것이 아니라 "멀리서 다가오는 기억"(「일요일과 월요일 사이, 밤」)을 반영한 고백적 형상일 뿐이다. 결국 이 시편은 "멀리 와서야 처음에로 돌아"(「이미 알고 있었음에도」)가는 것의 불가능성과 그것을 역설적으로 가능하게 하는 "오래된 이야기이자 지금의 독백"(「낡은 의자에 앉다가」)을 담은 명편이 아닐 수 없다. 아름다운 고백과 다짐을 품은 성장시편의 한 범례範例인 셈이다.

이토록 다정한 밤이라니

크리스마스가 아직 반년이나 더 남았는데
잔인한 폭염 위에 누가 벌써 겨울을 가져다 썼을까

세상의 아름다운 모든 한때를 가늘고 긴 금에 서로 얽힌 채
반짝이는 작은 공 몇 개가 길가에 굴러다녔다

내 주머니에 든 투명 유리 공 안에는
감탄된 적 없던 꽃송이만 간헐적으로 우아한데

세게 쥐면 부서지는 하나의 세계처럼
두 손바닥으로 감싸 쥐면 감쪽같이 사라지는 시간처럼
매번 새로워지는 은유 속에서 포함되었던 것은 그저

누더기였을까 그러므로

과신했던 목소리가 뱀처럼 기어 나오고
불안한 갈림길 속에서 빛나던 것은
방향 없이 쫓기며 멀어지던 나의 눈동자

이토록 다감한 밤을 길에서 맞다니

손바닥을 펼치면 부서진 유리에 베인 하루를 들킬 것 같아
가만히 두 손을 모은 채 흐르는 땀을 닦지 못했다
아직 걸음은 멀었는데
치닫지 못했던 나의 질투는 남몰래 버려져야만 했다
―「힘없는 질투」전문

 질투라는 익숙한 감정을 통해 시인은 이번에도 자신의 존재론적 축을 구성해온 어떤 시간을 아로새긴다. 다정다감한 여름밤을 길에서 맞은 시인은 "벌써 겨울을 가져다" 쓴 듯한 풍경을 바라본다. 가령 그것은 "세상의 아름다운 모든 한때"를 장착한 "작은 공 몇 개"나 "주머니에 든 투명 유리 공" 같은 것이다. 시인은 그러한 사물 혹은 현상을 마주하면서 그것들이 "세게 쥐면 부서지는 하나의 세계"이고 "두 손바닥으로 감싸 쥐면 감쪽같이 사라지는 시간"일지도 모른다고 적극 사유한다. 부서져 사라져가는 세계와 시간은 "매번 새로워지는 은유"로만 포착 가능한데, 그 '은유'는 언어 자체의 속성이자 시인의 상상력 안에서 이루어지는 존재의 원리

이기도 할 것이다. 시인은 "불안한 갈림길 속에서" 빛을 내면서 "방향 없이 쫓기며 멀어지던" 눈동자 속으로 다정다감한 순간을 만들면서 그 순간에 일어나는 '힘없는 질투'를 고백한다. 그렇게 이 작품은 모든 사물을 다정한 은유로 감싸는 시인의 성숙해가는 리듬을 보여주기에 충분한 실례이다. 걸음은 멀었지만, '힘없는 질투'는 사라지고, 생을 향한 거대한 수납의 순간이 밀려온 순간을 담은 작품인 셈이다. 김조민 시인은 "시간을 밀며 되돌아온 그림자"(「바다가 하는 일」)처럼 "사라지는 것들로 채워져"(「상자를 열어 보아요」) 있는 세상을 가파르고 다정하게 끌어안은 채 "비로소/오래 잠들 수 있을"(「평범한 식사를 위해 우리는」) 순간을 맞이한 것이다.

  이처럼 김조민 시인은 내면 경험의 활력을 언어의 그것으로 환치하면서 스스로를 향한 확인과 다짐의 세계를 형상적으로 환기하는 역량을 충실하게 견지하고 있다. 다양한 관념과 사물에 고유의 실감을 선사하는 안목과 그것을 언어의 구체성으로 전환해내는 조형 능력을 동시에 보여주는 것이다. 이 점에서 우리는 김조민만의 시적 역량을 통해 사물과 상상력이 만나 빚어내는 역동적 이미지군群을 풍요롭게 만나게 된다. 이때 그의 시적 주체는 동경과 자긍을 통한 성장과 성숙의 리듬을 반영한 신생의 언어를 보여주면서, 많은 이들을 정서적으로 위안하고 그들에게 인지적, 정서적 충격을 주는 데 크게 기여할 것이다. 또한 이러한 세계는 남다른 미학적 공명으로 독자들을 인도해갈 것이다.

3. 자기 확인으로서의 '시'를 향한 예술적 자의식

 또한 김조민의 시에는 언어예술로서의 '시詩'에 대한 첨예한 의식이 줄곧 나타나고 있다. 우리는 이번 시집에서 시인으로서의 이러한 자의식을 보여주는 시편들을 수없이 만날 수 있다. 물론 모든 예술은 주체 탐색의 의미를 선차적으로 가질 경우가 많으니, 이러한 서정시의 자기 회귀성 역시 널리 인정되고 있는 터이다. 하지만 더 특별히 김조민 시인은 궁극적 자아 탐구를 열망하는 '시' 자체, 그리고 '시쓰기' 자체에 대해 매우 독자적인 사유를 펼쳐간다. 그것은 어쩌면 '시' 혹은 '시쓰기'를 자신의 삶과 등가 형식으로 두려는 의지이기도 할 것이다. 아닌 게 아니라 시인이 취해가는 것들에는 한결같이 '시쓰기'와 마찬가지의 심미성과 실존적 머뭇거림이 번져온다. 그의 시는 이처럼 시간예술 혹은 언어예술로서의 면모를 충실하게 견지하면서, 과거로부터 절연된 현재형이 아니라 과거와 미래를 동시에 포괄하는 '충만한 현재형'으로서의 서정적 본질을 놓치지 않는다. 이때 그의 '시'를 향한 성찰과 회귀 과정은 독자적인 기억의 형식을 통해 강한 개성으로 현현하게 된다.

> 약속된 기호 속에 슬픔을 담기로 했지
> 한 번에 하나씩, 가끔은 조금 더 길게

가끔은 하품이나 불순하게 솟구치는 반성들은
금방 드러나서 재미없는 거짓말이었어

오늘은
죽었던 어제의 내가 다시 살아나 살그머니
다음 계단 위에 앉았지 네가 그랬던 것처럼
눈을 깜빡, 그걸로 끝

군데군데 비어 있는 시간 틈새로 얼버무리듯 실수가 채워지고
흩어진 글자들이 모여 그럴듯한 유언이 조립되고
미안, 그러려고 그랬던 건 아니었어

나이테에 새겨진 내력과 꽃 진 계절의 뻐꾸기와 우기의 그림자와 가난했던 언니의 가방 속처럼 아직도 유효한 어제와 그제와 엊그제와의 이별을 위한 창틀에는 노란 눈동자의 고양이 한 마리

내일을 꿀꺽 삼킬 거야 어제의 표식이 남긴 모호
네가 가위로 오려냈던 것은 존재하지 않았던 이름이겠지만
상상해 봐
어디든 달라붙는 먼지처럼 질문을 건너뛴 정답은 어디에 있을까
　　　　　─「정답을 찾기 위한 몇 가지 비공식 전제」 전문

정답을 찾기 위해 거쳐야 하는 언어적 장벽은 "약속된 기

호"로 함축되고 있다. 그 안에 담긴 것은 '슬픔'이지만 어느새 그것은 '반성' 혹은 '거짓말'의 대상이 되곤 했다. 흩어져 버린 '글자'들이 모여 '유언'으로 조립되는 순간을 시인은 '시 쓰기'의 은유로 택한다. 한없이 가난했을 사랑하는 이들의 "나이테에 새겨진 내력"도 함께 떠올리면서 말이다. 그렇게 시인은 "어제의 표식이 남긴" 흔적에서 내일을 찾아가면서, "질문을 건너뛴 정답"을 찾아 그쪽으로 몸을 트는 과정을 선택해간다. 이러한 선택과 재구성의 힘이 과연 '시인 김조민'의 진면목이라고 해야 하지 않을까 생각해본다. 결국 정답을 찾기 위한 비공식 전제는 "처음부터 존재하지 않았던 언어"(「위로를 겸한 놀이」) 혹은 "처음부터 존재하지 않았던 단어"(「편지를 태우며」)를 찾아가면서 "보이지 않는 바닥을 건디며 차오르던 것은 질문뿐"(「모든 것 속에 하나」)이었음을 알아가는 과정 그 자체였던 셈이다. 그리고 그것은 바로 '시쓰기' 과정과 고스란히 등가가 되어준 것이다. 이 모든 것이 "존재하지 않았던 이름"을 넘어 '정답'에 이르려는 시인이 "오래전 묻어두었던 마음에서 무엇이 돋아나는"(「잘못 적은 단어」) 순간을 포착한 모습이 아니었을까 한다.

 한 사람이 세상을 저주했던 시간과 절벽 아래 놓은 마음을 읽어요

 울지 않고 잠드는 법을 알려 주세요
 아가야 넌 울면 안 된단다 마음을 드러내는 순간 적의의

이빨도 은은히 빛날 것이니 너는 몰래 눈물을 삼키는 사람
고통을 관통하느라 빛날 젊음 없는 운명이란다

　햇살 아래 감출 수 있는 것은 없었어요
　정해진 길을 따라 걸을 수 없는 걸음을 덮고, 지친 발을 매달아 놓은 집을 메고, 닫히지 않는 창을 어루만질 때 비로소 너의 손등에 내려앉는 바람을 잡을 수 있으리니 그때 언덕을 올라 지천에 핀 들꽃에 몸을 숨기고 뒤엉킨 풀을 헤치며 혈관을 다듬을 적당한 시간의 굴레를 만날 수 있단다

　우리는 얼마든지 모르는 의미로 우두커니 있을 수는 없을까요
　누군가를 위한 사랑도 무의미하지 않았으나 타인의 것을 탐내는 자는 타인이 되리라 새겨진 돌판을 들고 점점 희미해지는 목소리를 받아들어야 했던 공허를 읽으렴

　그렇게 누군가의 시간 위에 나의 행복과 평안에 대한 불결한 고백을 얹는다

　나의 근거를 덮는다
　　　　　　　　　　　　　　　　　　ㅡ「읽던 집」 전문

이번에는 '쓰기'에서 '읽기'로 넘어왔다. 그 대상은 "한 사람이 세상을 저주했던 시간과 절벽 아래 놓은 마음"이다. 그 시간과 마음은, "울지 않고 잠드는 법"을 알려달라는 아가의 요청에, 몰래 눈물을 삼키거나 고통을 관통하느라 빛날 수

밖에 없는 운명이라는 응답을 건네준다. "지친 발을 매달아 놓은 집"과 "닫히지 않는 창" 그리고 "적당한 시간의 굴레"야 말로 '아가'로 제유提喩된 모든 이들의 존재 조건일 것이기 때문이다. 하지만 "누군가를 위한 사랑"과 "점점 희미해지는 목소리"를 깨달아가는 과정은 "누군가의 시간 위에 나의 행복과 평안에 대한 불결한 고백을 얹는" 것이기도 하다. 그렇게 "나의 근거를 덮는" 과정을 통해 우리가 '읽던 집'은 어느새 '시집'으로 거듭나고 있지 않은가. 이렇게 김조민 시인은 인간 근본의 비극적 운명과 함께, 그 안에 눈물과 사랑을 얹어가는 자신의 '시'를 고백한다. 비록 "허우적거리는 자음과 모음"(「아직 겨울이라 나의 언어는 빈약합니다」)이었을지라도 그것은 결국 "사랑이라는 얼룩으로 남아도/제법 괜찮은"(「오늘의 시간은 끝났습니다」) 마음을 담아갈 것이다. "낡아지지 않을 편지의 첫 문장이 조금씩 선명해지는 새벽"(「편지를 태우며」)이 그 얼룩을 더욱 반짝이게 해줄 것이다.

  궁극적으로 시인은 사물과 내면의 접점을 통해 '시쓰기'의 기율과 시인으로서의 존재론을 사유해간다. 서정시가 시인 스스로 겪어온 나날에 대한 경험 형식으로 쓰이는 언어 양식이라는 점에서 이러한 그의 지속성은 매우 값지게 다가온다. 그가 사물과 내면의 결속을 통해 새로운 차원에 가닿는 과정을 통해 우리는 폐허의 시대를 건너갈 수 있을 것이다. 그의 시에 담긴 시간의 심층에 몸을 기대면서 한세상을 상상적으로 견뎌갈 것이다. 그 점에서 김조민은 오랜 시간을 순간적으로 발화하면서 이 불모의 시대를 견디게 해주는 귀한 시인이라고 해야 할 것이다. 그의 시는 이처럼 시인 스스로를 성찰하고 탐색하는 자기 확인의 속성을 강하게 띠면서, 궁극적 자기 긍정의 세계를 노래해간다. 이러한 자기 확인으로서의 '시'를 향한 예술적 자의식은 매우 잔잔하고 역동적으로 나타나고 있다. 이 모든 것이 김조민 스스로 가야 할 '시인'으로서의 궁극의 길을 암시하고 있고, 우리로서는 그 근기根氣가 바로 이들 시편에 충일하게 담겨 있지 않을까 생각해보게 된다.

4. 오랜 기원의 탐색과 사랑의 탈환

그런가 하면 김조민의 이번 첫 시집에는 오랜 기원을 탐색하고 사랑을 탈환하려는 의지가 가득 펼쳐지고 있다. 서정시의 중요한 원천이 지금은 사라져버린 것들의 부재를 견뎌가는 힘에서 발원한다는 점에서, 이러한 면모는 매우 불가피하고 또 그만큼 소중하다 할 것이다. 있어야 할 것들의 한없는 공백, 한때 함께했던 것들의 갑작스러운 사라짐, 이러한 삶의 필연적 소멸 양상에 대한 미학적 반응이 말하자면 김조민 시의 외롭고도 빛나는 힘일 것이다. 그렇게 그의 시는 궁극적 근원을 찾아가는 것이 이성으로만 되는 것이 아니라 사랑의 열정으로도 가능하다는 것을 선명하게 보여준다. 따라서 우리는 그의 시편을 통해 시인 스스로의 존재론을 만나는 동시에 시인의 미학적 근본주의를 통해 존재론적 기원을 탐색하고 사랑으로 돌아가려는 마음을 감염 받게 된다. 그 핵심 발원지는 말할 것도 없이 시인의 뿌리 깊은 기억의 적층積層이 아닐까 한다.

> 도시에서 유학하던 아버지는 배가 고프면 설익은 감을 따 아랫목에 넣어두고 배가 고플 때마다 손을 넣어 가만가만 감을 만져보셨다는데, 단단한 감이 물러지기 시작할 즈음 밤이 깊어가고, 만지면 보일 듯 말 듯 파문처럼 감의 껍질 위로 동그라미가 뜨는데 침이 고이고, 이불 속에서 설익은 감을 조심조심 눌러보며 나중에는 엄마의 젖가슴도 그렇게, 또 나중에는 갓 태어난 내 정수리도 그렇게 조심조심 눌러보셨다는데, 아직도 감나무를 보면 설익은 감을 따 가만가만 만져보시는 아버지, 초록빛이 도는 감 위로 아버지가 비치고 아버지는 약관의 청년이 되고 초록 감이 붉게 익는 것만이 세상 가장 큰 소원이던 그때가 청년의 눈 위에 되비치는데, 그런 아버지를 볼 때면 나는 내 바로 전의 생을 조심조심 더듬어 기억해 내곤 하는 것이다
> ―「감, 잡다」 전문

 시인은 '감[柿]'과 '감(感)'을 잡는 순간의 느낌을 일종의 언어유희(pun)로 담고 있다. "도시에서 유학하던 아버지"와 "설익은 감"의 사연은 배가 자주 고팠던 한 시대를 증언하는 것이자, "손을 넣어 가만가만" 만져보는 아버지의 감각적 경험

의 선명함을 동시에 알려주는 것이다. 단단한 감이 물러지기 시작하면서 "만지면 보일 듯 말 듯 파문처럼 감의 껍질 위로" 뜨는 동그라미는, 아버지의 손길을 아내와 아들로 이어져가게 한 매개체였을 것이다. 아버지가 설익은 감을 따서 "가만가만 만져보시는" 순간을 바라보면서 시인은 아직 초록빛이 도는 감 위로 비치는 약관弱冠의 청년 아버지를 떠올린다. 감의 초록이 붉음으로 전이되어가듯, 아버지도 "내 바로 전의 생"을 기억하게끔 해준 것이다. 그렇게 오랜 시간의 '감'을 잡으면서 시인은, 누대累代의 가계家系가 초록에서 붉음으로 전이해온 시간과 함께, 그 존재론적 기원을 스스로의 뿌리로 인지해가는 과정을 확연한 감각적 구체성으로 보여준다. 이러한 자기 확인으로서의 기원 탐색 과정이야말로 이번 시집을 관류하는 중요 흐름이지 싶다. "눈부시게 아름다운 시간은/아무리 하여도 어쩔 도리 없이 무너지는 마음"(「단 하나의 이유를 든다면」)으로 이어져갔지만, 누군가의 기원은 "희미한 윤곽으로도 알 수 있는 뒷모습"(「오늘의 문을 열면」)을 보이면서 "사람들이 떠난 자리"(「비 그친 후」)를 오래된 기억으로 채우고 있을 것이기 때문이다.

우리를 통과한 오래된 길을 걷는다

그 봄날 부풀어 오르던 가슴을
발자국으로 세어보다
보폭을 짧게 참아 본다

어디까지가 아름다웠던 걸까

발끝으로 깊어지는 그대에게 가는 길
흐려지는 시야엔 흩날리는 그대와 나의 날들이
가을 이파리 따라
허공의 손짓을 그려내고 있다

어서 오라는 듯
어서 가라는 듯

어디가 앞이고 어디가 뒤일까
서로 이마를 맞대면 그대와 나는 앞이고 뒤였는데
그대가 만져주던 그대 앞의 이마를 가만히 만져 본다

찬 이슬이 맺히는 가을 산길
앞서가는 짧은 산 그림자를 그대처럼 쫓아가며
그대가 잠겨있는 만추의 풍경 속으로
나의 숨결 하나 스며든다.

―「산책」 전문

    김조민 시인의 산책은 "우리를 통과한 오래된 길"을 대상으로 한다. '오래된 길'이란 시간의 길이를 뜻하기도 하지만, 궁극의 귀환을 요청하는 사랑의 열도熱度를 함축하기도 한다. 시인은 "그 봄날 부풀어 오르던 가슴"을 발자국으로 세어보면 지금도 "어디까지가 아름다웠던 걸" 알 것 같기도 하다. "발끝으로 깊어지는 그대에게 가는 길"에서는 "그대와 나의 날들"이 흐려지는 시야로 흩어져갈 뿐이지만, 가을하늘 빈 손짓으로 남았을지 모를 그 순간들은 지금도 "어서 오라는 듯/어서 가라는 듯" 신호를 보낸다. 서로 이마를 맞대면 앞이고 뒤였던 '그대'와 '나'를 상상적으로 탈환해내는 것이다. "그대가 만져주던 그대 앞의 이마" 또한 직접적 촉감으로 그 순간을 재생해주지 않는가. 앞서가는 산 그림자를 '그대'처럼 쫓아가는 산책길에서 "그대가 잠겨있는" 풍경 속으로 "나의 숨결 하나"가 스며드는 마지막 장면은 그야말로 "반짝이던 첫 문장은 낡아져"(「번진 자리를 따라 가다가」)갔지만 '그대'와 "맞잡은 손바닥에는 몇 소절의 노래가 남았을"(「암시暗示는 아닙니다」) 것임을 암시해준다.

이렇게 김조민 시인은 자신의 존재론적 심층에 한결 근접해감으로써 기억 속에만 머무르던 지난날의 구체적 형상들을 선명하게 복원해간다. 그것은 삶의 본질을 시간의 흐름 속에 재구축하거나 그때-그곳의 실감을 재현해가는 과정으로 나타나게 된다. 그러한 과정을 구체화하는 것이 바로 존재론적 기원을 탐구해가는 시인의 몫이 되고, 시인은 사랑의 흔적을 탐색함으로써 그 시간으로 귀환하려는 그리움의 깊이를 엿보게 해준다. 각별한 회상을 통해 다다르는 기원 탐색의 모습은 시인 자신을 오래도록 규정해왔던 존재론을 하나 하나 재구성해가게끔 해준 것이다. 이러한 속성은 낭만적 표현과 회귀 의식을 성취하면서 이번 시집으로 하여금 일종의 서사적 충동을 가지게끔 해주기도 한다. 시집에

실린 낱낱 시편들은 그렇게 사라져간 것들을 상상적으로 재현하면서 이제는 그러한 시간을 되돌릴 수 없다는 그리움을 성큼성큼 노래해간다. 아니 어쩌면 그는 그리움이야말로 인간 존재 형식을 그대로 담아내는 것임을 끝없이 암시하려 하는지도 모른다. 지난 시간을 일일이 호명하면서 사랑의 힘으로 존재의 근원을 탐색해가는 그의 시는, 이렇게 잃어버린 세계의 순간적 탈환 과정을 보여주는 시인의 의지를 선명하게 담은 성과로 한동안 출렁일 것이다.

5. 아름답고 서정적인 충일함으로 번져오는 순간

대체로 서정시는 시인의 의식과 무의식에 잠겨 있는 저마다의 원체험을 새로운 언어와 생각으로 지펴가는 작업을 수행하게 마련이다. 아닌 게 아니라 시인들은 자신의 원체험을 부단히 변형하면서 자신만의 동일성을 구성해가는 구체적 존재자들일 것이다. 이때 원체험을 변형하는 데 시인들마다 가지는 고유의 기억이 활발한 매개 역할을 하는 것은 꽤 자연스러운 일이다. 그러한 원체험의 파생적 변형 과정이 서정시의 중요한 원리가 되는 것과 마찬가지로, 시인들에게 시간이란 객관적인 실체가 아니라 구체적 기억과 경험 속에 잠재해 있는 시적 토양이 되어주는 것이다. 김조민 시인은 우리의 기억이 과거의 사실적 재현이 아니라 현재형에 의해 재구성되는 것이라는 점을 부단히 역설하고 있다. 그의 시는 지난날들에 대한 오랜 회상과 기억의 형식으로 쓰이고 읽힘으로써 우리로 하여금 서정시와 시간이 불가피한 상호 원질原質임을 확인하게끔 해준다. 그의 섬세한 관찰과 고백과 의지는 삶의 심층에서 길어올린 이러한 경험에 진정성을 부여하면서 오랜 고백의 심미적 도록圖錄을 완성해가고 있다.

  두루 알려져 있듯이, 우리가 쓰고 읽는 서정시는 복합적 현실을 드러내면서도 그것을 초월하거나 치유할 수 있는 대안적 세계를 마련하여 그 경계에 가파른 자신의 정체성을 세워가는 양식이다. 김조민 시인은 마음을 다해 전해지는 회감回感의 정서를 통해 자기 탐구와 타자 지향의 열의를 함께 보여줌으로써, 이러한 서정시의 기율을 충실하게 구축해간다. 말하자면 그는 깊은 눈길로 세계를 투시하면서 거기에 자신이 겪어온 경험과 기억을 형상화하는 작업을 마다하지 않고, 자신의 삶을 둘러싼 타자들에 대한 해석을 하나 하나 보태간다. 그리고 스스로를 향해서는 끝없는 성찰과 회귀의 언어를 침착하게 부여해간다. 이러한 복합적 사유와 감각이 자기 탐구의 구심적 세계를 구성하게끔 하고, 나아가 우리로 하여금 타자 지향의 원심적 세계를 상상적으로 경험하게끔 하기도 한다. 이제 우리는 지나온 시간을 기억으로 풀어 보여주는 그의 감각과 사유를 구체적으로 목도하면서 그의 작품들이 아름답고 서정적인 충일함으로 번져오는 순간을 인상적으로 기억해갈 것이다. 앞으로도 그 안에는 김조민 특유의 사랑의 경험과 마음이 충일하게 담겨 있지 않을까 기대를 하면서 말이다. 이렇게 기억의 파동이 구현해내는 자기 귀환의 미학이 돌올하게 빛나고 있는 이번 첫 시집은, 그 점에서 시인에게 매우 견고한 시인으로서의 출발점이 되어줄 것이다. 그리고 우리는 근원적 존재론을 탁월하게 수행한 그의 첫 시집이 우리 시단을 환하게 밝혀주기를 마음 깊이 희원해본다.

김조민
2013년 『서정시학』으로 등단.
2024년 아르코 문학창작산실 지원금 수혜.
미래서정문학상 수상.(2019)
유튜브 〈시읽는고양이〉크리에이터. 웹진 『시인광장 디카시』 편집주간.
blue2140@hanmail.net

서정시학 시인선 230
힘없는 질투
―――――――――――――――――――――――――――――

2025년 6월 25일 초판 1쇄 발행

지 은 이 · 김조민
펴 낸 이 · 최단아
편집교정 · 정우진
펴 낸 곳 · 도서출판 서정시학
인 쇄 소 · ㈜상지사
주 소 · 서울시 서초구 서초중앙로 18, 504호 (서초쌍용플래티넘)
전 화 · 02-928-7016
팩 스 · 02-922-7017
이 메 일 · lyricpoetics@gmail.com
출판등록 · 209-91-66271

ISBN 979-11-92580-60-9 03810

계좌번호: 국민 070101-04-072847 최단아(서정시학)
값 14,000원

  * 잘못된 책은 바꾸어 드립니다.

서정시학 시인선

001 드므에 담긴 샆 강은교, 최동호
002 문열어라 하늘아 오세영
003 허무집 강은교
004 니르바나의 바다 박희진
005 뱀 잡는 여자 한혜영
006 새로운 취미 김종미
007 그림자들 김 참
008 공장은 안녕하다 표성배
009 어두워질 때까지 한미성
010 눈사람이 눈사람이 되는 동안 이태선
011 차가운 식사 박홍점
012 생일 꽃바구니 휘 민
013 노을이 흐르는 강 조은길
014 소금창고에서 날아가는 노고지리 이건청
015 근황 조항록
016 오늘부터의 숲 노춘기
017 끝이 없는 길 주종환
018 비밀요원 이성렬
019 웃는 나무 신미균
020 그녀들 비탈에 서다 이기와
021 청어의 저녁 김윤식
022 주먹이 운다 박순원
023 홀소리 여행 김길나
024 오래된 책 허현숙
025 별의 방목 한기팔
026 사람과 함께 이 길을 걸었네 이기철
027 모란으로 가는 길 성선경
029 동백, 몸이 열릴 때 장창영
030 불꽃 비단벌레 최동호
031 우리시대 51인의 젊은 시인들 김경주 외 50인
032 문턱 김혜영
033 명자꽃 홍성란
034 아주 잠간 신덕룡
035 거북이와 산다 오문강
036 올레 끝 나기철
037 흐르는 말 임승빈
038 위대한 표본책 이승주
039 시인들 나라 나태주
040 노랑꼬리 연 황학주
041 메아리 학교 김만수
042 천상의 바람, 지상의 길 이승하
043 구름 사육사 이원도
044 노천 탁자의 기억 신원철
045 칸나의 저녁 손순미
046 악어야 저녁 먹으러 가자 배성희

047 물소리 천사 김성춘
048 물의 낯에 지문을 새기다 박완호
049 그리움 위하여 정삼조
050 샤또마고를 마시는 저녁 황명강
051 풀어뜯을 수도 없는 숨소리 황봉구
052 듣고 싶었던 말 안경라
053 진경산수 성선경
054 등불소리 이채강
055 우리시대 젊은 시인들과 김달진문학상 이근화 외
056 햇살 마름질 김선호
057 모래알로 울다 서상만
058 고전적인 저녁 이지담
059 더 없이 평화로운 한때 신승철
060 봉평장날 이영춘
061 하늘사다리 안현심
062 유씨 목공소 권성훈
063 굴참나무 숲에서 이건청
064 마침표의 침묵 김완성
065 그 소식 홍윤숙
066 허공에 줄을 긋다 양균원
067 수지도를 읽다 김용권
068 케냐의 장미 한영수
069 하늘 불탱 최명길
070 파란 돛 장석남 외

071 숟가락 사원 김영식
072 행성의 아이들 김추인
073 낙동강 시집 이달희
074 오후의 지퍼들 배옥주
075 바다빛에 물들기 천향미
076 사랑하는 나그네 당신 한승원
077 나무수도원에서 한광구
078 순비기꽃 한기팔
079 벚나무 아래, 키스자국 조창환
080 사랑의 샘 박송희
081 술병들의 묘지 고명자
082 악, 꽁치 비린내 심성술
083 별박이자나방 문효치
084 부메랑 박태현
085 서울엔 별이 땅에서 뜬다 이대의
086 소리의 그물 박종해
087 바다로 간 진흙소 박호영
088 레이스 짜는 여자 서대선
089 누군가 잡았지 옷깃 김정인
090 선인장 화분 속의 사랑 정주연
091 꽃들의 화장 시간 이기철
092 노래하는 사막 홍은택
093 불의 설법 이승하
094 덤불 설계도 정정례

095 영통의 기쁨   박희진

096 슬픔이 움직인다   강호정

097 자줏빛 얼굴 한 쪽   황명자

098 노자의 무덤을 가다   이영춘

099 나는 말하지 않으리   조동숙

100 닥터 존슨   신원철

101 루루를 위한 세레나데   김용화

102 골목을 나는 나비   박덕규

103 꽃보다 잎으로 남아   이순희

104 천국의 계단   이준관

105 연꽃무덤   안현심

106 종소리 저편   윤석훈

107 칭다오 잔교 위   조승래

108 둥근 집   박태현

109 뿌리도 가끔 날고 싶다   박일만

110 돌과 나비   이자규

111 적빈赤貧의 방학   김종호

112 뜨거운 달   차한수

113 나의 해바라기가 가고 싶은 곳   정영선

114 하늘 우체국   김수복

115 저녁의 내부   이서린

116 나무는 숲이 되고 싶다   이향아

117 잎사귀 오도송   최명길

118 이별 연습하는 시간   한승원

119 숲길 지나 가을   임승천

120 제비꽃 꽃잎 속   김명리

121 말의 알   박복조

122 파도가 바다에게   민용태

123 지구의 살점이 보이는 거리   김유섭

124 잃어버린 골목길   김구슬

125 자물통 속의 눈   이지담

126 다트와 주사위   송민규

127 하얀 목소리   한승헌

128 온유   김성춘

129 파랑은 어디서 왔나   성선경

130 곡마단 뒷마당엔 말이 한 마리 있었네   이건청

131 넘나드는 사잇길에서   황봉구

132 이상하고 아름다운   강재남

133 밤하늘이 시를 쓰다   김수복

134 멀고 먼 길   김초혜

135 어제의 나는 내가 아니라고   백 현

136 이 순간을 감싸며   박태현

137 초록방정식   이희섭

138 뿌리에 관한 비망록   손종호

139 물속 도시   손지안

140 외로움이 아깝다   김금분

141 그림자 지우기   김만복

142 The 빨강   배옥주

143 아무것도 아닌, 모든 변희수
144 상강 아침 안현심
145 불빛으로 집을 짓다 전숙경
146 나무 아래 시인 최명길
147 토네이토 딸기 조연향
148 바닷가 오월 정하해
149 파랑을 입다 강지희
150 숨은 벽 방민호
151 관심 밖의 시간 강신형
152 하노이 고양이 유승영
153 산산수수화화초초 이기철
154 닭에게 세 번 절하다 이정희
155 슬픔을 이기는 방법 최해춘
156 플로리안 카페에서 쓴 편지 한이나
157 너무 아픈 것은 나를 외면한다 이상호
158 따뜻한 편지 이영춘
159 기울지 않는 길 장재선
160 동양하숙 신원철
161 나는 구부정한 숫자예요 노승은
162 벽이 내게 등을 내주었다 홍영숙
163 바다, 모른다고 한다 문 영
164 향기로운 네 얼굴 배종환
165 시 속의 애인 금동원
166 고독의 다른 말 홍우식

167 풀잎을 위한 노래 이수산
168 어리신 어머니 나태주
169 돌속의 울음 서영택
170 햇볕 좋다 권이영
171 사랑이 돌아오는 시간 문현미
172 파미르를 베고 누워 김일태
173 사랑혀유, 걍 김익두
174 있는 듯 없는 듯 박이도
175 너에게 잠을 부어주다 이지담
176 행마법 강세화
177 어느 봄바다 활동성 어류에 대한 보고서 조승래
178 터무니 유안진
179 길 위의 피아노 김성춘
180 이혼을 결심하는 저녁에는 정혜영
181 파도 땋는 아바이 박대성
182 고등어가 있는 풍경 한경용
183 0도의 사랑 김구슬
184 눈물을 조각하여 허공에 걸어 두다 신영조
185 미르테의 꽃, 슈만 이수영
186 망와의 귀면을 쓰고 오는 날들 이영란
187 속삭이는 바나나 지정애
188 더러, 사랑이기 전에 김판용
189 물빛 식탁 한이나
190 두 개의 거울 주한태

191 만나러 가는 길   김초혜

192 분꽃 상처 한 잎   장 욱

196 하얗게 밀려 쓰는 슬픔   김선아

197 극락조를 기다리며   허창무

198 늙은 봄날   윤수천

199 뒤뚱거리는 마을   이은봉

200 신의 정원에서   박용재

201 바다로 날아간 나비   이병구

202 절벽 아래 파안대소   이병석

203 숨죽이며 기다리는 결정적 순간   박병원

204 왜왜   김상환

205 사랑의 시차   박일만

206 목숨 건 사랑이 불시착했다   안영희

207 달팽이 향수병   양해연

208 기억은 시리고 더듬거린다   김윤

209 빛으로 남은 줄 알겠지   이인평

210 시간의 길이   유자효

211 속삭임   오탁번

212 느닷없이 애플파이   김정인

213 탕탕   석연경

214 수평선은 물에 젖지 않는다   동시영

215 굿모닝, 삐에로   박종명

216 고요, 신화의 속살 같은   한승원

217 지구가 멈춘 순간   정우진

218 치킨과 악마   김우

219 천 개의 질문   조직형

220 그림 속 나무   김선영

221 서향집   이관목

222 동백아, 눈 열어라   안화수

223 참회록을 쓰고 싶은 날   이영춘

224 등불 앞에서 내 마음 아득하여라   오세영

225 리올리을   배옥주

226 나무늘보의 독보   권영해

227 별이 빛나는 서대문형무소   문현미

228 씀바귀와 쑥부쟁이   윤정구

229 구름의 슬하   이영란